LEÇONS DE CHRONOLOGIE ET D'HISTOIRE.

HISTOIRE DU MOYEN AGE et des temps modernes.

COURS D'ÉTUDES ÉLÉMENTAIRES

DE L'ABBÉ GAULTIER,

Revu et augmenté par ses Élèves.

SECTION D'HISTOIRE.

Ier vol. Histoire Sainte et histoire de l'Eglise.
IIe vol. Histoire Ancienne, depuis les temps les plus recu
jusqu'à la fondation de Rome, et depuis la fon
tion de Rome jusqu'à la division de l'emp
romain.
IIIe vol. Histoire Moderne.
IVe vol. Histoire de France.
Chacun de ces volumes in-18, cartonné. . . 1 fr. 50
Médaillons des rois de France, en un étui. . 2 fr. 50

IMPRIMÉ CHEZ PAUL RENOUARD, RUE GARENCIÈRE, N. 5, F.

LEÇONS
DE CHRONOLOGIE
ET D'HISTOIRE,

DE L'ABBÉ GAULTIER,

ENTIÈREMENT REFONDUES ET CONSIDÉRABLEMENT AUGMENTÉES

PAR DE BLIGNIÈRES, DEMOYENCOURT,
DUCROS (DE SIXT ET LECLERC AÎNÉ,
SES ÉLÈVES.

TOME III.

HISTOIRE DU MOYEN AGE
et des temps modernes.

REVUE PAR DUCROS (DE SIXT).

A PARIS,

CHEZ JULES RENOUARD, LIBRAIRE,
RUE DE TOURNON, N° 6.

M DCCC XXXIII.

AVANT-PROPOS.

QUELQUES auteurs, guidés par une pensée sans doute très respectable, appellent histoire *moderne* toute la série des faits qui s'étend depuis J.-C. jusqu'à nos jours. Par là ils classent de la même manière l'histoire de l'homme pour ainsi dire physique avec celle de l'homme moral, parce que l'homme, par la mort de J.-C. et la prédication de l'Evangile, est devenu un homme *nouveau*, un homme *moderne*.

Travaillant pour des enfans, dont l'intelligence ne conçoit pas toujours facilement ces grands rapports de l'Histoire, nous l'avons divisée en des époques plus rapprochées, et marquées par des évènemens qui dominent tous les autres. Nous pensons que l'histoire romaine, la seule qui lie par l'intermédiaire du moyen âge, les temps anciens aux temps modernes, se divise naturellement en quatre grandes époques, savoir : la royauté ; la république ; l'empire, qui coïncide avec la naissance du Sauveur ; et la division de l'empire. On peut appeler la première de ces époques *l'enfance* et *la jeunesse* de Rome ; mais jeunesse pleine de sagesse. Les sept rois qui avaient jeté les fondemens de la grandeur future de Rome avaient été sept grands princes, tous remarquables par leur habileté dans la guerre et dans l'administration intérieure. La deuxième époque représente *l'âge viril*. Rome, après avoir fait la conquête de l'Italie, porte ses armes hors de la péninsule, soumet toutes les nations civilisées, et rend provinces romaines, ou tributaires du Latium, toutes les contrées que baignent le bassin de la Méditerranée. La troisième époque est l'âge de la *réplétion*. Dans son obésité et sa corruption intérieure, Rome n'attaque plus que des nations barbares, qui lui apprennent qu'elle cessera bientôt d'être la maîtresse du monde, et qu'avec cette maîtrise finira son histoire. La quatrième époque est l'âge de *la décrépitude* et de la mort.

C'est à cette époque que, dans l'Europe, commence un nouvel ordre de choses, et qui s'étend jusqu'à la destruction entière du dernier débris de la puissance nominalement appelée romaine; c'est cette époque qu'il convient d'appeler *moyen âge*. Tandis que l'ancien monde, ou sa dernière existence politique, expirait en Orient, l'Occident, qui en avait emprunté des semences de civilisation, les voyait germer et se développer rapidement par la découverte de l'imprimerie. Les fruits qu'ont donné ces semences sont connus; nous n'avons pas à en traiter dans ces notions. Nous avons nommé *temps modernes* les temps de ces développemens.

A travers toutes ces époques, on ne peut s'empêcher de voir avec un sentiment d'admiration, de respect et de reconnaissance, le dévoûment jusqu'à la mort, à l'exemple de leur divin maître, des héros de l'Evangile, qui, pour donner à l'homme la seule lumière qui l'éclaire sur son origine, ses devoirs et sa destinée, affrontent et lassent la férocité stupide des empereurs romains et la cruauté des barbares. Partout on voit l'église, par les immenses trésors de la charité chrétienne, réunir les hommes jusqu'alors divisés, et en faire un peuple de frères; on la voit partout porter la lumière évangélique, l'instruction, la civilisation et la liberté, sans lesquelles l'homme ne se trouve qu'une brute esclave.

Nous avons eu soin d'indiquer, à la fin de chaque siècle, les travaux de l'église, ses progrès, ses institutions et leur but; comme aussi nous avons fait connaître l'origine et le but de ces grandes institutions militaires et religieuses qui ont produit tant de héros. Nous avons réduit à de justes proportions le bien et les avantages que l'Occident a retiré des Croisades; ceux qui voudront plus de détails et de preuves pourront consulter l'excellent ouvrage de M. Michaud (*Histoire des Croisades*). Nous nous sommes encore attachés à faire connaître l'origine d'autres institutions et des états qui ont joué ou qui jouent encore un rôle sur la scène du monde.

Pour nous reconnaître à travers ce labyrinthe du moyen âge, nous donnons dans ce volume quelques tableaux généalogiques des principales maisons régnantes.

Les vers techniques ont été refaits; mais on doit comprendre que de tels vers se prêtent difficilement à l'harmonie; ils sont faits pour la mémoire, et non pour l'oreille.

Notions préliminaires.

Nous venons de dire que nous faisons descendre l'histoire ancienne jusqu'au partage définitif de l'empire romain, que nous appelons histoire du *moyen âge* tout le temps qui s'est écoulé depuis ce partage jusqu'à la prise de Constantinople, et histoire moderne la série des faits qui s'étend depuis cette prise jusqu'à nos jours.

Avant de donner la division que nous avons suivie, nous croyons devoir faire connaître celle que d'autres ont adoptée; elle n'est pas sans quelques avantages.

DIVISION PAR ÉPOQUES.

1re Depuis J.-C. jusqu'à Théodose-le-Grand, en 400.

2e Depuis Théodose-le-Grand jusqu'à Mahomet, en 622.

3e Depuis Mahomet jusqu'à Charlemagne, en 800.

4e Depuis Charlemagne jusqu'à Grégoire VII et Godefroi de Bouillon, ou les premières croisades, en 1096.

5e Depuis la première croisade jusqu'à Christophe Colomb, ou la découverte de l'Amérique, en 1492.

6e Depuis la découverte de l'Amérique jusqu'à nos jours, 1833.

Nous avons suivi la division par siècle; chaque siècle se termine par un aperçu sur l'état de l'église.

Nous allons indiquer cette division, en caractérisant chaque époque autant que possible.

DIVISION PAR SIÈCLES, DEPUIS J.-C.

ET CARACTÈRE DE CHAQUE SIÈCLE.

Ier SIÈCLE. *Tyrannie* sous les empereurs Tibère, Caligula, Claude, Néron et Domitien.

IIe SIÈCLE. *Paix et prospérité* sous Trajan, Adrien, Antonin et Marc-Aurèle.

IIIe SIÈCLE. *Anarchie militaire*, pendant laquelle les empereurs sont élevés au trône, et massacrés ensuite par les soldats prétoriens.

IVe SIÈCLE. *Partage de la monarchie romaine* en empire d'Orient et en empire d'Occident.

Ve SIÈCLE. *Dissolution* ou fin de l'empire d'Occident par les Barbares.

VIe SIECLE. *Barbarie*, sous laquelle la confusion et les malheurs des peuples sont à leur comble.

VIIe SIÈCLE. *Gloire et illustration* des Sarrasins, qui s'emparent de l'Orient, et pénètrent en Occident jusqu'en France.

VIIIe SIÈCLE. *Charlemagne*, qui rétablit l'empire d'Occident.

IXe SIÈCLE. *Démembrement de l'empire d'Occident*, siècle où commencent à se former les états modernes sous le régime féodal.

Xe SIÈCLE. *Siècle de fer*, à cause de l'ignorance et de la barbarie générales.

XIe SIÈCLE. *Chevalerie*; elle exalte les sentimens de vertu et de justice.

XIIe SIÈCLE. *Premières croisades*; temps où commencent à s'établir les plans de campagne, d'alliances et de coalition entre les puissances.

XIIIe SIÈCLE. *Dernières croisades*; elles donnent le goût du commerce et des voyages; l'Occident en rapporte le germe de plusieurs connaissances.

XIVe SIÈCLE. *Inventions dans les arts* : la boussole, la poudre à canon, l'imprimerie.

XVe SIÈCLE. *Découvertes géographiques*; découverte du cap de Bonne-Espérance, de la Colombie ou Amérique, et des Indes, par Diaz, Christophe Colomb et Vasco de Gama.

XVIe SIÈCLE. *Troubles religieux* excités par Luther, Calvin, les anabaptistes, etc.

XVIIe SIÈCLE. *Louis XIV*, sous lequel les beaux-arts, les lettres et les sciences produisent des chefs-d'œuvre. Ce siècle est appelé à juste titre *le grand siècle* ou *le siècle de Louis XIV*.

XVIIIe SIÈCLE. *Règne du philosophisme* et des *convulsions politiques* qui ont menacé l'ordre social, surtout en France et dans quelques contrées de l'Europe.

XIXe SIÈCLE. Continuation des convulsions politiques et gouvernemens représentatifs.

DUCROS (DE SIXT),
Avocat à la cour royale.

SOMMAIRE

DE L'HISTOIRE DU MOYEN AGE

EN VERS TECHNIQUES.

CINQUIÈME SIÈCLE DE L'ÈRE CHRÉTIENNE.

Dans le siècle où les Francs apportent aux Gaulois
Les mœurs de Germanie et les saliques lois,
S'étend et s'affermit le pouvoir de l'église.
Pour toujours des Césars l'empire se divise.
Arcade, Honorius, n'ont régné que de nom,
Le premier sous Rufin, l'autre sous Stilicon.
Tandis que Théodose et sa sœur Pulchérie
Soutiennent l'orient, le Goth a l'Italie,
Et puis le Bourguignon, le Vandale et l'Alain,
Fondent à l'occident sur l'empire romain.
Vers l'an quatre cent vingt, et l'Espagne et la France
Jettent les fondemens de leur indépendance.
Au secours d'Albion vont les Anglo-Saxons,
Qui s'établissent alors en sept divers cantons.
La terreur qu'inspirait le farouche Attila
Fit qu'au sein de la mer Venise s'éleva.
Règnent en Orient Marcien et Léon ;
Anastase est après l'Isaurien Zénon.
Augustule de Rome est dernier empereur.
Le roi Théodoric d'Odoacre est vainqueur.

SIXIÈME SIÈCLE DE L'ÈRE CHRÉTIENNE.

Justin par sa valeur au trône de Byzance
Après cinq cent parvint du sein de l'indigence.
Par la guerre et les arts, glorieux à-la-fois,
Justinien neveu s'illustre par ses lois.
Le valeureux Narsès, outragé par Sophie,
Introduit les Lombards au nord de l'Italie.
Les Lombards, sous Alboin, y portent la terreur.

Tibère fut choisi par son prédécesseur.
Leuvigilde cruel soumet l'Andalousie.
Maurice, par Phocas, perd le sceptre et la vie.

SEPTIÈME SIÈCLE DE L'ÈRE CHRÉTIENNE.

Phocas, l'an six cent dix, succombe à son destin.
Cosroès par son fils eut une triste fin.
Tandis qu'Héraclius triomphait avec gloire,
L'imposteur Mahomet, conduit par la Victoire,
S'érigeant en prophète, apporte à l'univers
Des lois, un nouveau culte, et lui forge des fers.
Martine à Constantin fait prendre du poison;
On élève Constant, on chasse Héracléon.
On voit les Sarrasins divisés sous Ali.
Constantin Pogonat est un prince accompli.
Justinien second, des peuples détesté,
Après dix ans de règne est pris et mutilé
Par Léonce, qu'enferme Absimare-Tibère.
Doge est le nom du chef que Venise révère.

HUITIÈME SIÈCLE DE L'ÈRE CHRÉTIENNE.

Justinien rentré périt comme Bardagne.
Pélage est en Léon quand le Maure a l'Espagne.
On vit partout gémir, sous Léon-l'Isaurique,
La science, les arts, le chrétien catholique.

NEUVIÈME SIÈCLE DE L'ÈRE CHRÉTIENNE.

Au neuvième, huit Grecs gouvernent dans Byzance,
Lorsque huit faibles rois se succèdent en France.
Le Bulgare eut la foi. L'Arabe de Candie,
Puis de Sicile sort, et fond sur l'Italie.
Rois d'Arles, de Bourgogne, ont des états puissans :
Comtes et ducs, règnent dans leurs gouvernemens.
Navarre en Iznar vit la tige souveraine,
Quatre sceptres Egbert joignit à son domaine.

DIXIÈME SIÈCLE DE L'ÈRE CHRÉTIENNE.

Au dixième, cinq Grecs empereurs d'Orient;
Cinq princes allemands empereurs d'Occident.
Le Brandebourg, l'Autriche, ont leurs premiers marquis.
Herman de Bilingen dans la Saxe fut mis.
Marie, impératrice, est pour crime jugée.
La Savoie en comté pour Bérold érigée.
Saint Étienne régna sur les peuples hongrois.
Boleslas par Othon fut roi des Polonois.
La Castille paraît, la Navarre s'accrut.
Au Danois converti l'Anglais paya tribut.

ONZIÈME SIÈCLE DE L'ÈRE CHRÉTIENNE.

L'onzième eut treize Grecs empereurs d'Orient.
Conrad et trois Henri règnent en Occident.
Les croisés pour leur chef élurent Godefroi;
Il prit Jérusalem, en fut le premier roi.
Rodolphe est contre Henri pour le pape et l'église.
Par Guiscard et Roger la Sicile est conquise.
Le duché de Lorraine à Gérard est donné.
La Bohème, en ce temps, vit son duc couronné.
L'Espagne réunie avait Sanche-le-Grand;
L'Aragon eut Ramir, la Castille Fernand.
En Portugal, Henri fut comte, et son fils roi.
Du Danois l'Angleterre eut vingt-cinq ans la loi.
Guillaume-le-Bâtard la subjuge et la tient.
De Cluni Casimir en Pologne revient.

DOUZIÈME SIÈCLE DE L'ÈRE CHRÉTIENNE.

Au douze, en Orient, six Grecs se succédèrent,
Et sept princes germains en Occident régnèrent.
Gui Lusignan, de Cypre, en douze, eut la couronne.
Henri dit le Lion perd ses états qu'on donne
A Bernard d'Ascanie, à Vitelspach Othon.
Brunswick et Lunebourg sous Henri-le-Lion.
Barberousse expia sa faute en Orient,
Quand son fils Henri six règne à Naple en tyran.

Quatre états dans l'Espagne unis sont partagés.
Sous Étienne de Blois les Anglais sont rangés ;
Puis sous Henri d'Anjou, dont le fils fut puissant.
La Suède a la Gothie quand Eric est mourant.

TREIZIÈME SIÈCLE DE L'ÈRE CHRÉTIENNE.

Au treize, cinq Français, deux Grecs en Orient.
A huit divers Césars est soumis l'Occident.
La boussole à la main, sur des mers plus lointaines,
Le nautonnier suivit des routes plus certaines.
Un roi français mourut sous les murs de Tunis,
Et des derniers croisés le chef fut saint Louis.
En Sicile, où régna Pierre l'Aragonais,
Aux vêpres un carnage est fait de tout Français.
Baléares, Valence acquis à l'Aragon.
Pour toujours saint Fernand joint Castille et Léon.
La Navarre aux maisons de Champagne et de France.
Jean Sans-Terre assassin quand le siècle commence.
Son bras victorieux abattit le croissant,
Sur les murs rhodiens brilla la croix d'argent.

QUATORZIÈME SIÈCLE DE L'ÈRE CHRÉTIENNE.

Le quatorzième vit quatre chefs d'Orient,
Pendant que cinq Latins gouvernent l'Occident.
Sous Tell et sous Melchtal on a vu l'Helvétie
Briser le joug honteux qui la tint asservie.
Amurat, Bajazet, que Tamerlan soumit.
Plusieurs principautés en Italie on vit.
Jeanne aux quatre maris à Naples perd la vie
Par Charles de Duras, mis à mort en Hongrie.
Alphonse Castillan vainc les Maures de Fez.
L'Espagne eut Transtamare et trois rois fort mauvais.
Deux rois sont prisonniers du troisième Édouard :
Sa maison se divise. En Écosse est Stuart.
Jagellon, fait chrétien par Hedwig de Hongrie,
En Pologne régnant, joint la Lithuanie.
Marguerite, ayant eu trois royaumes du Nord,
Pour Eric son neveu les quitte sans effort.

QUINZIÈME SIÈCLE DE L'ÈRE CHRÉTIENNE.

Au quinzième a fini la puissance romaine;
On voit l'esprit humain agrandir son domaine.
Bajazet dans Ancyre est pris par Tamerlan.
Scanderberg, Hunyade, arrêtent l'Ottoman.
Misnie et Nuremberg sont électeurs nommés.
Aragon, puis Anjou, sont par Naple adoptés.
Savoie et Ferrarais sont formés en duché.
Le grand art d'imprimer à Strasbourg est trouvé.
Délivrée à jamais de l'aspect du croissant,
L'Espagne tout entière a pour roi Ferdinand.
Conduit par son génie, agrandissant la terre,
Colomb au sein des flots trouve un autre hémisphère.
Quatre Jacques d'Écosse. York et Lancastre unis.
Par rois et gouverneurs les Suédois affaiblis.

SEIZIÈME SIÈCLE DE L'ÈRE CHRÉTIENNE.

Charles-Quint. Ferdinand joint Bohême et Hongrie.
Maximilien. Rodolphe eut la guerre en Turquie.
Médicis sont patrons des lettres dans Florence.
Gonzague est à Mantoue, et Farnèse à Plaisance.
Soliman prend Belgrade et Rhodes sur Villiers,
Manque Vienne et puis Malte, où sont les chevaliers.
D'Est eut le Modenois; Jules deux prit Ferrare.
Philippe, injustement, du Portugal s'empare;
Puis perd les Pays-Bas: Nassau s'y fait un nom.
Chypre vient à Sélim; Lépante en fait raison.
L'inconstant Henri huit divorce et schisme fit.
Édouard, Jeanne, Marie, Élisabeth on vit.
Suède élit Vasa; Sigismond la joignit
A la Pologne où perd l'Autriche son crédit.
Par Suderman la Suède à Sigismond ravie.
Le Danois de Luther suit la secte établie.

DIX-SEPTIÈME SIÈCLE DE L'ÈRE CHRÉTIENNE.

Au dix-sept, Mathias, Ferdinand qui se plaint
Des maux qui lui sont faits par Gustave et Walstein.

Portugal séparé. L'Espagne fait la guerre,
Puis reçoit un Français. L'Écosse à l'Angleterre
Sous Jacques se joignit; ses fils sont couronnés.
Charles deux, Jacques deux, princes infortunés.
Gustave, dit le Grand, est l'effroi des Germains;
Et ses talens guerriers étonnent les humains.
Christine offre partout un esprit peu constant.
Le Danois Christiern est chef du protestant.

DIX-HUITIÈME SIÈCLE DE L'ERE CHRÉTIENNE.

Charles six. Charles sept. François vient après lui.
Joseph deux. Léopold. François deux et son fils.
De Brandebourg la tige au rang des rois se place.
Le czar Pierre affaiblit tout pouvoir qui menace.
Font la guerre en héros Malborough et Eugène.
Charles douze, battu, chez l'Ottoman se traîne.
La Sardaigne eut un roi, le Russe un empereur.
Le prétendant Stuart met l'Écosse en rumeur.
Après plusieurs combats, le vaillant Kouli-Kan.
S'empare du Mogol, et se fait roi Persan.
Par Gustave-troisième est la Suède affermie.
Stanislas en Lorraine est fixé pour la vie.
Sur le trône des czars Catherine brilla;
Par la guerre et les arts Frédéric s'illustra.
Sous Poniatowski la Pologne on divise;
A trois princes voisins elle est enfin soumise.
Leibnitz, Newton, Linnée, étendent leur science.
Lavoisier, Montgolfier, Chappe, inventeurs en France.

LEÇONS
DE CHRONOLOGIE
ET D'HISTOIRE.

HISTOIRE DU MOYEN AGE
DEPUIS LA MORT DE THÉODOSE-LE GRAND JUSQU'A LA PRISE DE CONSTANTINOPLE.

Ve SIÈCLE DE L'ÈRE CHRÉTIENNE.
DEPUIS L'AN 400 JUSQU'A L'AN 500.

Dans le siècle où les Francs apportent aux Gaulois
Les mœurs de Germanie et les saliques lois,
S'étend et s'affermit le pouvoir de l'église.
Pour toujours des Césars l'empire se divise.
Arcade, Honorius, n'ont régné que de nom,
Le premier sous Rufin, l'autre sous Stilicon.
Tandis que Théodose et sa sœur Pulchérie
Soutiennent l'orient, le Goth a l'Italie,
Et puis le Bourguignon, le Vandale et l'Alain,
Fondent à l'occident sur l'empire romain.

1. *Comment Théodose s'était-il acquis le surnom de grand?* Par les victoires signalées qu'il avait remportées sur les meurtriers des empereurs Gratien et Valentinien qu'il vengea avec éclat; par la vigueur de son administration qui suspendit la dissolution de l'empire; par le silence respectueux avec lequel il se soumit à la pénitence pu-

blique que lui imposa saint Ambroise, archevêque de Milan; enfin par la terreur qu'il répandit parmi les Goths, le respect qu'il imposa aux Perses, et les coups qu'il porta à l'idolâtrie et à l'arianisme.

2. *Comment et où mourut Théodose-le-Grand, l'an* 395? Au moment où l'on faisait à Constantinople de grands préparatifs pour lui décerner le triomphe dû à sa valeur et à son heureuse expédition contre l'usurpateur du trône de Valentinien II, il mourut à Milan des suites d'une hydropisie, après un règne glorieux de seize ans.

3. *Quel décret remarquable et trop peu suivi rendit ce prince, bien digne du surnom de grand?* « Si quelqu'un s'emporte jusqu'à diffamer notre « nom, notre gouvernement, notre conduite, « nous ne voulons pas qu'il soit sujet à la peine « ordinaire, portée par les lois; car, si c'est par « légèreté qu'il a mal parlé de nous, il faut le « mépriser; si c'est par une aveugle folie, il est « digne de compassion; si c'est par malice, il « faut lui pardonner. » Il ordonna par un autre décret de différer de trente jours l'exécution des sentences de mort, afin de laisser s'apaiser ce qu'une condamnation aurait eu de trop passionné ou de préventif.

4. *Qui succéda à Théodose-le-Grand, le dernier prince qui ait possédé en entier l'empire romain?* Ce furent ses deux fils, Arcadius et Honorius qui se partagèrent l'empire. Arcadius, sous la tutelle de Rufin, eut l'empire d'Orient,

capitale Constantinople; Honorius, sous celle de Stilicon, vandale d'origine, fut empereur d'Occident, fixa à Rome le siège de son empire et habita tour-à-tour Milan et Ravennes.

5. *Que devint l'empire de Théodose sous ses deux fils et leurs ministres?* Déchiré par les jalousies mutuelles de ces deux ministres qui aspiraient à s'emparer des trônes de leurs pupilles, l'empire, surtout en Occident, marcha rapidement vers sa ruine. La population périssait accablée sous le poids des impôts et des charges publiques. Nulle part on ne voyait plus de Romains; les barbares remplissaient tous les emplois, les dignités et les camps. Leurs chefs finirent bientôt par disposer de tout en maîtres: ce fut alors que commença l'anarchie qui désola le monde, et que s'élevèrent les ténèbres qui le couvrirent pendant cette période du moyen âge, dont l'histoire est si attristante.

6. *Qui succéda à l'empereur Arcadius, mort à Constantinople, l'an* 408? Ce fut son fils Théodose II dit le jeune, sous la conduite de Pulchérie, qui, à quinze ans, fut chargée de la tutelle de son frère et de la régence de l'empire, qu'elle gouverna sous le nom de ce faible prince.

7. *Comment Pulchérie corrigea-t-elle la faiblesse de son frère Théodose-le-Jeune, qui allait jusqu'à signer ce qu'on lui présentait, sans prendre même la peine de le lire?* Elle lui présenta un acte, par lequel l'empereur abandonnait l'impératrice sa femme, Eudoxie, pour être esclave.

Il le signa sur-le-champ, et, lorsque Pulchérie lui eut montré ce qu'il venait de faire, il en eut une telle confusion, qu'il ne retomba jamais dans la même faute.

8. *Qui était Eudoxie?* Eudoxie, fille de Léonce, philosophe athénien, s'appelait Athénaïs avant son baptême et son mariage avec Théodose. Son père l'avait instruite dans les belles-lettres et dans les sciences. Elle avait toutes les grâces de son sexe et les qualités de l'autre. S'étant rendue à Constantinople, pour y défendre une succession que ses frères voulaient lui ravir, elle parla avec tant d'esprit, de grâce et de force, que Pulchérie conseilla à son frère de l'épouser. L'empereur ayant dans la suite soupçonné sa fidélité, la réduisit à l'état de simple particulière: elle se retira dans la Palestine, où elle passa le reste de ses jours, occupée de littérature et d'actes de piété, et mourut à Jérusalem, en 460, protestant de son innocence.

9. *Quel recueil de lois publia Théodose-le-Jeune?* Il publia un code, qui de son nom fut appelé code *Théodosien*, et dans lequel se trouvent recueillies les lois que les empereurs avaient faites avant lui.

10. *Comment succomba l'empire d'Occident, tandis que celui d'Orient était encore bien gouverné par l'esprit éclairé et la fermeté de la sage Pulchérie?* Il succomba sous l'irruption des peuples barbares qui fondirent en masse sur toutes les parties de l'Italie; entre autres, les Huns, com-

mandés par le terrible Attila, surnommé le *Fléau de Dieu*, et que défit Mérovée, roi de France.

11. *Quels furent les peuples qui, sous le règne d'Honorius, vinrent ravager l'Italie, au commencement du 5e siècle?* Ce furent les Goths, les Bourguignons, les Vandales, les Alains, et les Suèves.

12. *Qui étaient les Goths?* C'étaient des peuples sortis originairement de la Gothie et de la Scythie, qui, vers le 3e siècle, fondirent sur l'empire romain, en occupèrent les frontières, et s'y maintinrent d'abord en qualité d'alliés.

13. *Quelle était la religion des Goths?* Les Goths professaient la religion catholique du temps du grand Constantin; mais ils embrassèrent depuis l'arianisme, à la persuasion de l'empereur Valens.

14. *Comment s'appelaient les Goths qui habitaient les pays les plus occidentaux?* Ils s'appelaient Visigoths, et ceux de cette nation qui habitaient vers l'orient furent appelés Ostrogoths.

15. *Jusqu'où les Visigoths s'avancèrent-ils dans l'empire, lorsque Stilicon les y appela sous l'empereur Honorius?* Jusque dans l'Italie, qu'ils ravagèrent en brigands, et où, après leur défaite et la mort de leur chef Radagaise, ils revinrent en force, l'an 409, sous le roi Alaric, prendre et saccager la ville de Rome.

16. *Pendant l'invasion des Goths, que faisait l'empereur Honorius en Italie?* Retiré à Ravenne, il y languissait dans l'oisiveté; et, pour

y vivre plus tranquille, et avoir un ennemi de moins, il maria sa propre sœur, Galla Placidie, au Visigoth Ataulphe ou Adolphe, son ennemi, beau-frère et successeur d'Alaric.

17. *Où alla régner Ataulphe après son mariage avec Galla Placidie?* A la sollicitation de sa femme, il quitta l'Italie, vint régner vers l'Espagne, au nord et au midi des monts Pyrénées, et donna ainsi naissance à la monarchie espagnole.

18. *Que devinrent ces deux époux?* Ataulphe fut tué à Barcelonne, en 415, par Sigeric, qui eut pour successeur Wallia, beau-frère d'Ataulphe. A la sollicitation d'Honorius, Placidie épousa Constance, qu'Honorius s'associa, en le déclarant auguste, pour le récompenser de l'avoir aidé à se défaire de divers tyrans en Italie et ailleurs.

19. *Quel fils naquit du mariage de Constance avec Galla Placidie?* Ce fut Valentinien III, qui succéda à Honorius, mort l'an 423. Valentinien régna avec autant de faiblesse et de lâcheté que l'avait fait son oncle.

20. *Où les Bourguignons et les Vandales, de concert avec les Alains et les Suèves, se répandirent-ils?* Ces peuples, sortis de diverses parties de la Germanie, firent tous presqu'en même temps des irruptions dans les Gaules; mais, à l'exception des Bourguignons, ils passèrent tous ensuite en Espagne, où ils eurent à combattre Wallia, roi des Visigoths.

21. *Où s'établirent les Bourguignons après*

leur irruption dans les Gaules? D'abord sur les rives du Rhin, vers l'Alsace, dans une partie de la Suisse, dans la Franche-Comté, la Savoie, le Lyonnais et le Dauphiné, et une partie de ce qui porte aujourd'hui le nom de Bourgogne.

22. *Que firent les Vandales en Espagne, après avoir été battus par les Visigoths?* Ils subjuguèrent les Suèves, auparavant leurs alliés, puis ils chassèrent les Romains de la Bétique, partie de l'Espagne, qui, de leur nom, fut appelée Vandalousie, et depuis Andalousie.

23. *Que devinrent les Alains lors de leur expédition en Espagne?* Quelques-uns d'entre eux demeurèrent dans le midi des Gaules, sur les frontières de l'Espagne; mais les autres, ayant passé les Pyrénées, furent défaits et détruits en très grande partie.

24. *Que firent les Alains qui avaient survécu à leur défaite en Espagne?* Ils se joignirent aux Goths de la Catalogue, province qui, des deux peuples goth et alain, fut appelée Goth-Alaunia, puis, par corruption Catalaunie ou Catalogne.

25. *Que devinrent les Suèves, qui s'étaient retirés dans la Gallice et le Portugal?* Ils y furent gouvernés environ 190 ans par des rois; mais, l'an 585, ils furent vaincus et soumis par les Visigoths d'Espagne.

Vers l'an quatre cent vingt, l'Espagne et puis la France
Jettent les fondemens de leur indépendance.
Au secours d'Albion vont les Anglo-Saxons,
Qui s'établissent alors en sept divers cantons.

26. *Comment l'Espagne, qui faisait partie de l'empire romain, devint-elle un royaume séparé?* Elle devint un royaume séparé par les victoires des Visigoths, qui, ayant d'abord défait les Alains en 418, puis les Suèves en 585, s'associèrent d'autres peuples, avec lesquels ils formèrent un royaume gouverné par un roi de leur nation.

27. *Quel autre royaume plus considérable s'établit encore sur les débris de l'empire romain, l'an* 420? Ce fut le royaume de France, fondé par les Francs, qui habitaient les bords du Rhin et du Mein; ils étaient conduits par un chef qu'on dit communément avoir été Pharamond.

28. *Quel chef gouvernait en Ecosse vers l'an* 422? Plusieurs historiens prétendent que ce royaume était déjà administré par un roi nommé Fergus; mais on sait plus sûrement que, vers le commencement de ce siècle, les rois d'Irlande, qui régnèrent depuis en Ecosse, *reçurent la foi avec leur peuple.*

29. *Comment Albion tomba-t-elle au pouvoir des Angles et Saxons peuple sorti des bords de l'Elbe?* Les Bretons, privés de la garnison romaine, que l'empereur Honorius en avait retirée, pour l'opposer aux barbares, devenus presque maîtres des Gaules, appelèrent des bouches de l'Elbre à leur secours les Angles et Saxons, pour les dé-

fendre contre les Pictes et les Scots ou Ecossais.

30. *Que firent les Anglo-Saxons, établis dans la Grande-Bretagne?* Ils s'emparèrent de cet état, et y fondèrent sept petits royaumes ou cantons, appelés l'*Heptarchie* saxonne. Ces sept royaumes prirent ensuite le nom d'Anglo-terre ou Angleterre.

31. *Quelles furent les suites de la férocité des Anglo-Saxons dans la Grande-Bretagne?* Suivant quelques historiens anglais, un grand nombre des anciens Bretons vinrent se réfugier dans cette partie des Gaules, appelée Armorique et qui prit alors et porta depuis le nom de Bretagne. Une partie se retira dans les montagnes presque inaccessibles du pays de Gall.

32. *Quelle est l'opinion la plus vraisemblable sur l'origine des Bretons?* D'après le témoignage de la plupart des écrivains du temps, appuyé sur des mémoires anciens, on voit que les peuples de l'Armorique avaient fondé antérieurement des colonies dans la Grande-Bretagne, et que leurs descendans revinrent dans le pays de leurs aïeux, pour y retrouver la liberté.

La terreur qu'inspirait le farouche Attila
Fit qu'au sein de la mer Venise s'éleva.

33. *Comment Boniface se conduisit-il sous Valentinien III?* Ce gouverneur romain en Afrique, mécontent de Valentinien III, y attira d'Espagne les Vandales, qui, y passant en grand nom-

bre, en firent la conquête sur l'empire romain.

34. *Quels barbares effrayèrent particulièrement Valentinien III?* Ce furent les Huns, originaires de Scythie, conduits par leur roi Attila, surnommé le fléau de Dieu et la terreur du monde.

35. *Comment Attila se rendit-il redoutable?* Après avoir ravagé la Dacie et les pays voisins, il vint fondre sur les Gaules avec une armée de près de 700,000 hommes, qui fut mise en déroute par le fameux Aëtius, général de Valentinien III et gouverneur des Gaules; Mérovée roi des Francs, eut la plus grande part à cette victoire.

36. *Pourquoi Attila, qui malgré sa défaite dans les Gaules alla ravager l'Italie, ne vint-il pas à Rome?* Il en fut détourné comme miraculeusement par le pape saint Léon, qui, étant allé à sa rencontre, lui inspira la crainte des jugemens de Dieu, et le força, par son éloquence, à respecter le siège du chef de la religion.

37. *Quelle fut la fin d'Aëtius?* Valentinien III, jaloux des éloges dont Rome comblait cet illustre guerrier, le tua de sa propre main, et condamna ses amis à différens supplices.

38. *Quelle réponse franche fit à Valentinien III un de ses courtisans, au sujet de la mort d'Aëtius?* L'empereur lui ayant demandé son sentiment sur le meurtre de ce capitaine, ce courtisan eut le courage de lui répondre: « Vous vous êtes coupé la main droite avec le glaive que vous teniez dans la gauche ». En effet, Aëtius était le seul guer-

rier que l'empereur pût opposer aux barbares.

39. *Quelle ville les peuples du Padouan construisirent-ils?* Pour se garantir contre la fureur d'Attila, ils bâtirent sur pilotis et sur des îlots la ville de Venise, au fond de la mer Adriatique.

Règnent en Orient Marcien et Léon ;
Anastase est après l'Isaurien Zénon.

40. *Par quelle faveur Marcien succéda-t-il à Théodose-le-Jeune, l'an* 450? Pulchérie, sœur de Théodose et déclarée auguste, connaissant la sagesse et la vertu éminente de Marcien, simple officier de fortune, le prit pour époux, quoiqu'il fût déjà avancé en âge.

41. *En quoi Léon I, successeur de Marcien à l'empire d'Orient, montra-t-il une indulgence excessive et coupable?* Il manqua de punir rigoureusement la trahison de son beau-frère Basilisque, qui, ayant été envoyé en Afrique avec une flotte de 1000 vaisseaux pour combattre les Vandales, s'était laissé gagner par leurs présens.

42. *De quel crime fut soupçonné Zénon l'Isaurien, gendre et successeur de Léon I?* D'avoir empoisonné le jeune Léon II, dont il était tuteur, et qui avait des droits à l'empire par sa mère Ariadne, fille de Léon I.

43. *Qui succéda à l'empereur Zénon l'Isaurien?* Ce fut Anastase, simple huissier de la chambre impériale, qu'Ariadne l'impératrice avait pris pour époux.

44. *Que fit Anastase après avoir montré, dans*

le commencement de son règne, de la modération et de la valeur? Se rendant chef des hérétiques appelés *acéphales* (qui est sans chef), il persécuta les catholiques, et s'attira l'excommunication du pape Symmaque, qui le premier employa contre un souverain cette arme spirituelle qui n'avait été dirigée jusqu'alors que contre des sujets.

Augustule de Rome est dernier empereur.
Le roi Théodoric d'Odoacre est vainqueur.

45. *Comment Augustule régna-t-il à Rome à la suite de tous les petits tyrans qui s'y étaient élevés, l'an 475?* L'état, se trouvant fatigué par divers prétendans qui n'avaient d'empereur que le nom, reconnut enfin Augustule, que son père Oreste, général des Romains dans les Gaules, y avait fait proclamer.

46. *Par qui Augustule, ainsi nommé soit par mépris, soit à cause de sa jeunesse, fut-il détrôné?* Par Odoacre, roi des Hérules, peuple de Scythie issu des Goths, qu'avait appelé la faction de Julius-Népos, prétendant à l'empire.

47. *Que fit Odoacre après s'être emparé de Rome, l'an 476?* Il dépouilla des marques de la dignité impériale Augustule, qu'il relégua dans la Campanie en lui accordant de riches revenus; et, prenant pour lui-même le titre de roi d'Italie, il mit fin à l'empire d'Occident.

48. *Comment Odoacre, qui avait placé son siège tantôt à Rome, tantôt à Ravenne, perdit-*

il la royauté, et ensuite la vie, l'an 493? Théodoric, roi des Ostrogoths, venu en Italie d'après l'avis de Zénon l'Isaurien, empereur d'Orient, contraignit Odoacre de se renfermer dans Ravenne, prit cette ville par capitulation, fit la paix avec Odoacre, et partagea l'Italie avec ce même prince, qu'il fit assassiner dans la suite.

49. *Combien de temps avait duré l'empire romain en Occident, à partir de la bataille d'Actium, gagnée par Auguste, premier empereur?* Il avait duré 507 ans, et avait été gouverné par 78 souverains qui eurent le titre d'empereur.

50. *Quel fut l'état de la religion chrétienne durant ce siècle?* Le christianisme florissant en Ethiopie, dans l'Arménie, et dominant dans l'empire romain, sembla aller à la rencontre des Barbares pour adoucir leurs mœurs féroces et leur inspirer quelques sentimens d'humanité en faveur des nations qu'ils venaient subjuguer.

51. *Quels personnages se distinguèrent alors dans l'église?* Ce furent saint Jérôme, saint Augustin, saint Jean Chrysostôme et saint Cyrille d'Alexandrie, pères de l'église, qui l'ornèrent par leurs vertus et la défendirent par leurs écrits.

52. *Quelles erreurs troublèrent l'église?* Ce furent les erreurs de Nestorius, évêque de Constantinople, qui admettait deux personnes en Jesus-Christ, et qui refusait à la sainte vierge, le titre de mère de Dieu; ces erreurs furent condamnées dans le troisième concile général tenu à Ephèse en 431; ainsi que celles de Pélage, moine an-

glais, qui soutenait que le péché d'Adam n'avait pas passé à sa postérité, et n'avait nui qu'à lui seul.

Vingt ans après, furent proscrites dans le quatrième concile *œcuménique* ou général, célébré à Chalcédoine, l'erreur d'Eutychès, qui ne reconnaissait qu'une seule nature dans le sauveur, et qui confondait la nature divine et la nature humaine. 360 évêques assistèrent à ce concile.

53. *Pourquoi les* veilles *furent-elles abolies?* Les veilles ou la coutume de veiller au tombeau des martyrs furent abolies à cause des abus qui en étaient devenus la suite.

54. *Que substitua l'église à ces veilles?* Elle substitua les jours de jeûne, qui ont retenu le nom de *veilles* ou *vigiles*; et les prières appelées depuis, les *rogations*.

55. *Quelles furent les communautés religieuses établies dans l'église?* Ce furent celles des ermites et des chanoines réguliers institués par saint Augustin, et celles des moines cénobites dont l'institution se répandit, et devint célèbre par les règles qu'en publia Cassien, disciple de saint Jean-Chrysostôme.

56. *Quel usage s'établit, vers ce temps, dans l'église?* Ce fut celui des revenus ecclésiastiques; on assigna aux ecclésiastiques un revenu fixe pour remplacer les aumônes dont ils subsistaient auparavant: telle fut l'origine des premiers bénéfices.

57. *Comment furent d'abord partagés ces revenus?* Ils furent partagés en quatre parts, sa-

voir, une pour les clercs, une pour les pauvres, une pour l'entretien des églises et une autre pour l'évêque.

58. *Jusqu'à quel point Hunnéric, arien, roi des Vandales, se montra-t-il barbare?* Plus cruel envers les catholiques que ne l'avait été son père Genséric, il fit brûler vifs les évêques orthodoxes, et couper la langue jusqu'à la racine aux habitans d'une petite ville de la Mauritanie.

59. *Quels effets eut l'éloquence merveilleuse du pape saint Léon, auprès d'Attila, roi des Huns, et de Genséric, roi des Vandales?* Persuadé que Dieu dispose à son gré des cœurs les plus inflexibles, il se présenta avec assurance à ces farouches conquérans, leur parla avec respect, mais avec force, et les détourna du dessein qu'ils eurent, l'un après l'autre, de saccager Rome et d'achever la perte de l'Italie dont ils s'étaient déjà rendus maîtres.

60. *Comment Acace, patriarche de Constantinople reçut-il les légats que le pape Félix III lui envoya au sujet d'un édit d'Union* (énotique), *entre les hérétiques et les catholiques en 484?* Acace maltraita les légats; le pape excommunia Acace; celui-ci fit effacer le nom du pape des *diptiques* (registres) dans les différentes églises de son patriarcat : tel fut le commencement des démêlés éclatans qu'eurent les patriarches de Constantinople avec les papes, ceux-ci voulant faire effacer à leur tour, ceux-là voulant y conserver le nom d'Acace; ces démêlés fomentés par la vanité

et la jalousie des Grecs, échauffés par l'ambition, les fourberies et les violences des patriarches Photius et Michel-Cerularius, amenèrent le schisme des Grecs qui se séparèrent de l'église romaine et de l'unité de la foi catholique.

61. *Qu'arriva-t-il de remarquable sous le pape saint Gélase?* Clovis, roi de France, se convertit au christianisme avec sa famille, et se trouva le seul roi catholique de son temps, ce qui lui fit donner le titre de *fils aîné de l'église*.

62. *Jusqu'à quel point la France convertie, honora-t-elle saint Martin évêque de Tours?* Elle l'honora au point de compter les années depuis la mort de ce saint et de porter ses bannières dans toutes les batailles.

63. *Que fit dans ce temps la reine Clotilde, veuve de Clovis?* Voulant signaler sa dévotion pour saint Martin, elle passa les dernières années de sa vie auprès du tombeau de ce saint.

64. *Qu'arriva-t-il encore de notable dans ce siècle?* Saint Basile introduisit dans l'Orient la vie cénobitique et la règle que saint Antoine avait donnée aux solitaires de la Thébaïde; la règle des moines d'Egypte fut apportée en Provence par saint Honorat et saint Cassien qui fondèrent l'un à Lerins et l'autre à Marseille deux monastères d'où sortirent de savans apôtres de la foi chrétienne, entre autres saint Patrick fondateur des colonies monastiques de l'Irlande à laquelle elles méritèrent, par la pureté de leurs mœurs, le nom d'*île des saints*.

VIe SIÈCLE DE L'ÈRE CHRÉTIENNE.

DEPUIS L'AN 500 JUSQU'A L'AN 600.

Justin par sa valeur au trône de Bysance
Après cinq cent parvint du sein de l'indigence.
Par la guerre et les arts, glorieux à-la-fois,
Justinien neveu s'illustre par ses lois.

65. *Comment Justin succéda-t-il en Orient à l'empereur Anastase, l'an* 518? Né d'un simple laboureur en Thrace, il parvint à la première dignité par sa valeur et sa prudence quoiqu'il ne sût pas lire.

66. *Que fit Justin, après être parvenu à l'empire?* Pour se maintenir contre Cabadès, roi des Perses, avec qui la paix venait d'être rompue, il demanda du secours à Zéliorbes, roi des Huns, qui lui en promit.

67. *Comment Cabadès se vengea-t-il de cette promesse?* Il se tourna contre ce roi barbare; et après l'avoir défait et tué, il renouvela la paix avec l'empereur Justin.

68. *Comment le zèle de l'empereur Justin pour les catholiques devint-il funeste à l'église?* En persécutant les Ariens avec trop de chaleur, il aigrit Théodoric, roi des Ostrogoths, résidant à Ravenne, qui, en revanche, persécuta les catholiques d'Occident.

69. *Comment finit l'empereur Justin, l'an* 527?

Parvenu à l'âge de 77 ans, et profondément affligé à cause d'un tremblement de terre qui, l'année précédente, avait englouti presque toute la ville d'Antioche, il se revêtit d'un sac, en signe de pénitence, et s'enferma pour le reste de ses jours dans son palais, afin de fléchir par ses prières celui qui élève et renverse, à son gré, les villes et les empires.

70. *Qui succéda à l'empereur Justin?* Ce fut Justinien, son neveu, élevé par un savant, nommé Théophile, qui lui inspira, dit-on, le goût de l'étude et des sciences.

71. *Comment Justinien immortalisa-t-il son nom?* 1° Il choisit dix habiles jurisconsultes, à la tête desquels était le savant Tribonien, pour recueillir en un corps d'ouvrage, les lois romaines: ce recueil fut appelé *Code Justinien*;

2° Il fit ensuite rédiger les décisions des juges et des magistrats, éparses en plus de 2,000 volumes; ce second recueil reçut le nom de *Pandectes* ou de *Digeste*;

3° Il publia quatre livres d'*institutes* qui comprennent en abrégé les principes de toutes les lois;

4° Enfin il fit recueillir les lois qu'il avait nouvellement faites, et donna à ce quatrième recueil le nom de *Code des Novelles*. Ces quatre ouvrages réunis forment le *corpus juris* ou corps du droit romain. Le grand fonds d'équité qui y règne a mérité à ce corps de droit le nom de *Raison écrite*, et l'a fait adopter par presque tous les peuples de l'Europe.

72. *Quel temple célèbre Justinien fit-il construire?* Cet empereur fit bâtir l'église de sainte Sophie, à Constantinople, l'un des plus beaux monumens d'architecture, et qui, dans la suite, a été transformé en mosquée.

73. *Pourquoi le roi de Perse, Cabadès, vint-il fondre sur l'empire d'Orient?* Parce que le célèbre Bélisaire, un des généraux de l'empire d'Orient, avait fait élever, par l'ordre de Justinien, une forteresse sur les confins de la Perse.

74. *Quel fut le succès de la guerre que Cabadès fit à Justinien?* Cabadès remporta d'abord quelques victoires; mais Bélisaire le vainquit ensuite avec tant d'éclat, que Justinien fit frapper de la monnaie et des médailles à l'effigie de ce général.

75. *Qu'arriva-t-il d'extraordinaire à Cabadès?* Ayant été mis en prison par ses sujets, parce qu'il avait voulu introduire parmi eux la communauté des femmes, il fut sauvé par sa généreuse épouse, qui changea d'habits avec lui, prit sa place, et se livra volontairement à une mort certaine.

76. *Pourquoi Cabadès, peu de temps après être remonté sur le trône, fit-il une trève avec Justinien?* Il la crut nécessaire pour effectuer son projet favori, qui était de laisser sa couronne à son septième fils, au préjudice des aînés; mais Bélisaire commença bientôt la guerre contre lui, et le défit.

77. *Quel exploit glorieux fit Bélisaire après avoir défait Cabadès pour la seconde fois?* Il

vainquit en Afrique le puissant Gilimer, sixième roi des Vandales, qu'il attaqua avec une flotte de 500 vaisseaux, le fit prisonnier et l'emmena à Constantinople où ce roi barbare servit d'ornement au triomphe de son vainqueur. Ce fut en Gilimer que finit la monarchie des Vandales ariens en Afrique.

78. *Quel autre service important Bélisaire rendit-il à l'empire après avoir défait Gilimer?* Envoyé par Justinien pour détruire le royaume des Goths en Italie, il parcourut cette contrée et les îles adjacentes, marcha vers Rome, dont il envoya les clefs à l'empereur, et prit dans Ravenne le roi des Goths Vitigès, qu'il emmena à Constantinople.

79. *Quels autres exploits fit Bélisaire après avoir vaincu Vitigès?* Il mit en fuite Cosroès, roi de Perse; puis retourna en Italie contre Totila, élu roi des Goths, l'empêcha de détruire entièrement Rome, entra dans cette ville, et la répara.

80. *Quelle fut la fin de Bélisaire?* L'empereur Justinien lui fit crever les yeux, pour avoir, dit-on, trempé dans une conspiration. On prétend même que Bélisaire fut réduit ensuite jusqu'à la mendicité; mais ces faits sont contredits par quelques savans, qui prétendent que les disgrâces de ce grand homme ont été exagérées.

81. *Quels avantages Justinien procura-t-il à l'empire grec?* Il le fit sortir de sa faiblesse, il en

étendit les bornes, et lui rendit, en quelque sorte, son ancienne splendeur.

82. *Pourquoi a-t-on dit de Justinien, mort l'an 565, qu'il aurait été le plus grand des empereurs s'il eût moins vécu?* Parce que vers la fin de sa vie, se mêlant trop d'affaires de religion, et suivant aveuglément les conseils de Théodosia femme de théâtre, dont il avait fait son épouse, il favorisa l'hérésie, persécuta l'église, et se livra à l'avarice, à la méfiance et à la cruauté.

Le valeureux Narsès, outragé par Sophie,
Introduit les Lombards au nord de l'Italie.

83. *Quel résultat eut la victoire que Narsès, général de Justinien, avait remportée sur Totila, l'an 552?* Narsès, ayant vaincu et tué Totila, ainsi que son successeur Téjas, mit fin au royaume des Ostrogoths en Italie, et rendit cette contrée tributaire de l'empire d'Orient.

84. *De quelle manière fut disgracié le vaillant Narsès surnommé* sans barbe? Il fut disgracié par les intrigues de l'impératrice Sophie, femme de Justin II, neveu et successeur de Justinien. Cette princesse impérieuse le rappela ignominieusement d'Italie, en lui intimant l'ordre de se rendre sur-le-champ à Constantinople pour y filer avec les femmes.

85. *Comment répondit Narsès, cruellement outragé par l'impératrice qui le rappelait à Constantinople?* Il répondit qu'il ourdirait une toile

qu'elle ne parviendrait pas aisément à défiler. En effet, il introduisit en Italie les Lombards, qui enlevèrent à l'empire d'Orient la plus grande partie de cette riche et belle contrée où ils formèrent un royaume dont la capitale fut Pavie.

86. *Quelle fut la fin de Narsès?* On dit qu'il périt par le dernier supplice, long-temps après, sous l'empereur Phocas; mais en consultant mieux les dates, il semble qu'il finit tranquillement ses jours à Rome, vers l'an 582.

87. *Quel fut le caractère de Justin II?* Il se montra incapable de régner par la faiblesse de son esprit et son caractère voluptueux, lâche et cruel, laissant tout le pouvoir dans la main de son indigne épouse nommée Sophie.

88. *En quoi consistaient les fonctions d'exarque en Italie?* Cette charge, confiée pour la première fois à Longin par l'empereur Justin II, consistait à gouverner ce qui restait à l'empereur d'Orient en Italie depuis l'invasion des Lombards. Ravenne était chef-lieu de l'*Exarchat*.

Les Lombards, sous Alboin, y portent la terreur.
Tibère fut choisi par son prédécesseur.

89. *Comment les Lombards se conduisirent-ils en Italie?* Ces peuples, attirés en Italie par la vengeance de Narsès, y portèrent la terreur, et y mirent tout à feu et à sang, sous la conduite de leur roi Alboin.

90. *Qui remplaça Justin II dans l'empire*

l'Orient? Ce fut Tibère II, adopté par son prédécesseur à cause de sa justice, de sa bienfaisance et de sa valeur; qualités qu'ils posséda à un tel degré, qu'elles furent appréciées même par ce stupide empereur.

91. *En quoi Tibère II montra-t-il particulièrement son esprit de bienfaisance*? Il manda aux gouverneurs des provinces qu'il voulait que la mendicité fût bannie entièrement de son empire.

92. *Comment Tibère II fit-il connaître sa valeur*? Il remporta en Arménie, sur Cosroès, roi des Perses, une victoire si éclatante, que celui-ci fit un édit pour défendre à ses successeurs de faire jamais la guerre en personne aux empereurs de Constantinople.

93. *Quel acte de rigueur exerça Tibère II, prince doux et bienfaisant*? Il réduisit à une condition privée l'impératrice Sophie, veuve de son prédécesseur, parce que cette princesse, n'ayant pu, selon son projet, partager le lit et le trône du nouvel empereur, avait formé une conjuration contre lui.

94. *Comment finit Tibère II*? Après 4 ans de règne, il mourut regretté par ses sujets, qui le pleurèrent long-temps, et firent ainsi le plus bel éloge de son règne.

95. *Qui fut désigné par l'empereur Tibère II pour lui succéder l'an* 582? Le général Maurice son gendre, auquel il donna, en mourant, les

conseils les plus sages : « Mon cher Maurice, lui dit-il, je ne demande pour moi d'autre épitaphe que votre règne, et d'autre mausolée que celui que m'éleveront vos vertus. »

Leuvigilde cruel soumet l'Andalousie.
Maurice, par Phocas, perd le sceptre et la vie.

96. *En quoi Leuvigilde, roi des Visigoths en Espagne, et arien de profession, se montra-t-il particulièrement cruel, l'an* 586? Il fit mourir son fils aîné Herménégilde, qui, après son mariage avec une princesse française, et sa conversion à la religion catholique, ne voulut pas renoncer à cette religion.

97. *Quelle conquête considérable fit le roi Leuvigilde en Espagne?* Il soumit toute la Bétique ou Andalousie, ainsi que le royaume des Suèves en Galice, qu'il joignit à ses états.

98. *Quelle fin eut Théodoric, arien et roi des Visigoths, l'an* 526? Il mourut à Ravenne, dans une espèce de fureur, croyant toujours voir la tête de Symmaque, qu'il avait fait mourir injustement avec le célèbre Boëce, jadis son ministre, gendre de Symmaque, et auteur du livre intitulé : *de la Consolation*.

99. *Quels ennemis l'empereur Maurice, gendre et successeur de Tibère II, eut-il à combattre en Orient, l'an* 592? Les Perses et les Arabes; et pour ne pas manquer de soldats dans cette guerre, il défendit à tous ses sujets de

prendre l'habit monastique avant d'avoir accompli le temps de la milice.

100. *Comment l'empereur Maurice perdit-il la vie, l'an* 602? Ayant refusé de racheter un grand nombre de ses sujets, que le roi des Avares ou Abares mit à mort, faute de rançon, il fut accusé d'avarice par l'ambitieux Phocas, qui, soulevant le peuple pour s'emparer du trône impérial, fit mourir Maurice et tous ses enfans en présence les uns des autres.

101. *Quel était, vers la fin du 6e siècle, l'état de la langue latine?* Par le règne de plusieurs barbares en Italie, et surtout par celui des Lombards, elle se trouva négligée et corrompue, et cette altération amena progressivement la langue *italienne*. C'est depuis ce temps que la langue latine cessa d'être la langue vulgaire en Italie.

102. *Qui était Denys, surnommé le Petit, mort vers l'an* 540? Un moine, Scythe de nation et homme très savant, qui introduisit la coutume de compter les années par celle de l'avènement du Messie ou de Jésus-Christ.

103. *Quels états en Europe embrassèrent la religion chrétienne, vers l'an* 590? Ce furent 1° les Bretons ou les Anglais qui renoncèrent au paganisme par le zèle du moine saint Augustin, nouvel apôtre que saint Grégoire, surnommé le Grand, leur avait envoyé; 2° les Lombards en Italie qui par le zèle de ce pape, reçurent l'Evangile; 3° les Suèves et les Visigoths en Espagne, qui abjurèrent l'arianisme.

104. *Que fit encore saint Grégoire ?* Ce digne successeur de saint Pierre, après avoir été sénateur et préfet de Rome, s'était retiré dans un couvent qu'il avait fondé; il en sortit, et fut élevé presque malgré lui au pontificat, dans un temps où Rome était ravagée par la peste. Il mérita le surnom de Grand, par son zèle infatigable et sa politique habile. Il étendit de tout son pouvoir le christianisme, et fonda à Rome de sages institutions. Il voulait qu'on appelât les hommes au sein de l'église, non par les voies de rigueur, mais par la douceur, la persuasion et l'instruction. Il régla la lithurgie de la messe, c'est-à-dire, les cérémonies telles à-peu-près qu'elles s'observent encore aujourd'hui. Il a laissé plusieurs ouvrages, dont les plus estimés sont *le Pastoral*, et un recueil de Lettres où respire son âme toute chrétienne, et son esprit éclairé sur les devoirs d'un pasteur.

105. *Quel prince se rendit maître de plusieurs provinces dans l'Orient, vers la fin de ce siècle?* Cosroès II, roi de Perse, s'empara de la Syrie, de la Palestine, de l'Egypte, et de toute l'Asie-Mineure, et incendia Jérusalem, Damas et Antioche.

106. *Quels personnages notables vécurent pendant ce siècle?* 1° Sainte Geneviève qui mourut âgée de 90 ans, à Paris, le 3 janvier 511. Elle a été depuis honorée comme la patrone de cette ville où la munificence de nos rois lui a fait élever une magnifique église.

2° Saint Benoît de Nursia qui établit sur le

Mont-Cassin une société de cénobites; la règle qu'il leur donna leur prescrivait le travail des mains, l'étude, la prière, et les trois vœux de pauvreté, de chasteté et d'obéissance. Cette société connue sous le nom de *Bénédictins*, rendit d'importans services à la religion, à l'humanité et aux lettres.

107. *Quelle importation eut lieu en Europe et quels historiens vit-on fleurir?* Des œufs de vers-à-soie furent apportés des Indes à Constantinople dans le pommeau d'une canne par deux moines. Cette précieuse importation fit établir en Europe beaucoup de manufactures de soie. La fin de ce siècle vit fleurir saint Grégoire de Tours, appelé le père de l'histoire de France. Jornandès écrivit l'histoire des Goths. Ce siècle vit se fermer à Athènes, par ordre de Justinien, la dernière école qu'y tenaient les platoniciens; ce qui acheva la ruine du polythéisme que ces philosophes avaient entrepris de rétablir.

VIIe SIÈCLE DE L'ÈRE CHRÉTIENNE.

DEPUIS L'AN 600 JUSQU'A L'AN 700.

Phocas, l'an six cent dix, succombe à son destin.
Cosroès par son fils eut une triste fin.

108. *Comment Phocas, empereur d'Orient, eut-il le sort des tyrans, l'an* 610? Il fut assassiné par Héraclius, gouverneur d'Afrique, qui

délivra l'empire d'un monstre dont le joug était devenu insupportable, et d'un lâche qui permettait aux Huns, aux Scythes et aux Perses, de faire des incursions dans tout l'empire.

109. *Quel moyen barbare employait l'empereur Phocas pour forcer ses sujets à dire du bien de lui?* Instruit du mal qu'on disait de sa personne par les espions qu'il entretenait dans toutes les grandes villes de l'empire, il faisait journellement amener à Constantinople, chargés de chaînes, tous les mécontens, et il les immolait à sa cruauté.

110. *Quelle fin tragique, mais cependant méritée, eut Cosroès II, roi de Perse?* Comme il avait été le parricide de son père Hormisdas, il éprouva le même sort de la part de Siroès son fils, qui, après l'avoir traité d'une manière indigne, le fit mourir de faim, ou, comme d'autres croient, à coups de flèches.

111. *Comment Héraclius, successeur et meurtrier de Phocas, fut-il vainqueur des Perses, l'an* 626? Forcé d'accepter d'abord les conditions d'une paix honteuse, il se prépara à reprendre contre eux l'offensive, leur livra plusieurs batailles sanglantes, et fit sur eux 50,000 prisonniers.

112. *Quel avantage particulier Héraclius retira-t-il de ses victoires sur les Perses?* Il obligea leur roi Siroès à lui rendre la vraie croix, dont il s'était emparé à la prise de Jérusalem,

l'an 614. Héraclius y ramena en triomphe cet instrument révéré de la rédemption du genre humain ; ce fut à ce sujet que fut instituée, en 626, la fête de l'exaltation de la Sainte-Croix.

Tandis qu'Héraclius triomphait avec gloire,
L'imposteur Mahomet, conduit par la Victoire,
S'érigeant en prophète, apporte à l'univers
Des lois, un nouveau culte, et lui forge des fers.

113. *Comment Mahomet traversa-t-il les succès d'Héraclius?* Par la rapidité de ses conquêtes, qui changèrent alors la face des affaires en Orient, et le mirent au nombre des plus grands conquérans.

114. *Qui était Mahomet?* C'était un marchand arabe ou sarrasin, engagé dès sa jeunesse dans les caravanes, et qui, après avoir persuadé à ses compatriotes qu'il entretenait des relations avec l'ange Gabriel et avec d'autres esprits célestes, se fit passer pour *prophète*, et du mélange bizarre de différentes religions en forma une nouvelle appelée *islamisme*, c'est-à-dire la loi des lois.

115. *Quel moyen employa Mahomet pour répandre sa secte?* Il défendit à ses disciples de disputer sur sa doctrine avec les étrangers, et de répondre aux objections des contradicteurs autrement que par le glaive.

116. *Quelle époque établit Mahomet l'an 622, lorsqu'il fut contraint de s'enfuir à Médine?* Il établit celle qui est appelée par les Arabes-Sar-

rasins *hégire*, et qui, dans leur langue, veut dire *fuite* ou *émigration*.

117. *Comment les Sarrasins comptent-ils leurs années?* Par les mois lunaires, qui forment une année plus courte que la nôtre, de onze jours.

118. *Quel nom portèrent les successeurs de Mahomet, mort l'an* 631? Ils furent appelés *califes*, ou vicaires, c'est-à-dire lieutenans, et jouirent, comme lui, de la dignité de chefs de la religion et des armées.

119. *Jusqu'où les califes étendirent-ils leur domination?* Ils passèrent en Syrie, où ils prirent la ville de Jérusalem, puis celle de Damas, dont ils firent le siège de leur empire, enfin, rompant hautement avec Héraclius, ils s'emparèrent de l'Afrique et d'autres pays. Amrou, général d'Omar, se rendit maître d'Alexandrie, et brûla la riche bibliothèque de cette ville, l'an 640.

120. *Amrou livra-t-il de lui-même aux flammes cette riche bibliothèque?* Non, il consulta Omar qui lui répondit: *Si les livres des Grecs sont d'accord avec le Koran, ils sont inutiles, et il ne faut pas les garder; s'ils s'en écartent, ils sont dangereux, il faut les brûler.* Cet arrêt fut exécuté avec une aveugle soumission; les volumes en *papirus* ou en *parchemin* furent distribués aux 4000 bains de la ville, et le nombre s'en trouva si grand, que six mois suffirent à peine pour les consumer tous.

121. *Qu'est-ce que le Koran?* Le Koran est

le code religieux et civil des mahométans. C'est un amas de récits, de visions, de sermons, de préceptes, de conseils, où la vérité se rencontre souvent avec l'imposture, le sublime avec l'absurde, et où la plupart des maximes sont combattues par des maximes contraires ; ce recueil fut fait par Abou-beker, premier calife, successeur de Mahomet.

122. *Quelle est la croyance des musulmans ?* Un fidèle musulman doit croire 1° à l'unité d'un Dieu, souveraine intelligence, dont les ministres sont les anges et les prophètes ; 2° à l'immortalité de l'âme, à la résurrection, au jugement dernier ; au bonheur des justes, au supplice des méchans dans des lieux qui leur sont réservés, mais il croit à la prédestination.

123. *Quels sont les préceptes dont un musulman regarde l'observation comme nécessaire au salut ?* Ce sont la *circoncision ;* la *prière* qu'il doit faire cinq fois par jour indépendamment de la prière publique du vendredi, l'*aumône* qui doit être, au moins du dixième du revenu ; les *ablutions*, qui sont une préparation à la prière ; le *jeûne* des *radamans ;* l'abstinence de certaines viandes, et de toutes les liqueurs fermentées.

124. *Comment Omar, le 3ᵉ calife des Sarrasins, conquit-il la Perse, l'an* 640 ? Voyant les Perses affaiblis déjà par Héraclius, il tomba sur eux, les força de suivre sa loi, et vainquit leur dernier roi Hormisdas IV, qui trouva son

salut dans la fuite. Ainsi finit le second empire des Perses après avoir duré 428 ans.

Martine à Constantin fait prendre du poison;
On élève Constant, on chasse Héracléon.

125. *De quelle cruauté Martine, seconde femme d'Héraclius, se rendit-elle coupable?* Pour mettre sur le trône son propre fils Héracléon, et le faire proclamer empereur, elle fit mourir par le poison Constantin fils d'Héraclius, né d'une première femme.

126. *Par qui Martine ainsi que son fils Héracléon furent-ils chassés du trône?* Par le sénat de Constantinople, qui, après avoir fait couper la langue à Martine et le nez à Héracléon, mit sur le trône Constant, véritable héritier et fils de Constantin.

On voit les Sarrasins divisés sous Ali.
Constantin Pogonat est un prince accompli.

127. *Pourquoi les Sarrasins de Perse firent-ils la paix avec l'empereur Constant?* Ils la recherchèrent eux-mêmes, à cause des divisions qui s'étaient élevées parmi eux au sujet de leur nouveau calife Ali, gendre de Mahomet.

128. *Quel monument les Sarrasins retirèrent-ils des flots?* Ils en retirèrent par ordre de Moavia, 6e calife, le fameux colosse de Rhodes qui était, par un tremblement de terre, tombé dans la mer,

65 ans après son érection, et où il était resté 896 années: les Sarrasins le brisèrent, en retirèrent de l'eau 7,200 quintaux, et le vendirent à un juif qui en chargea 900 chameaux pour Alexandrie.

129. *Comment les Sarrasins furent-ils divisés entre eux après la mort d'Ali?* Ce calife ayant été tué pour avoir interprété à sa manière la loi de Mahomet sur la succession au trône, il s'éleva un grand schisme parmi les Sarrasins, qui dès-lors se partagèrent en deux sectes: l'une pour Mahomet, ou Omar, suivie aujourd'hui par les Turcs, appelés *sunnites*, parce qu'ils suivent la sunna (commentaire du koran.) Ils portent un tur an blanc: l'autre pour Ali, suivie par les Perses, appelés *shiites* et portent un turban vert.

130. *En quelle circonstance Constantin, surnommé* Pogonat *ou le* Barbu, *prit-il les rênes de l'empire?* Ce fut au milieu des troubles que Constant son père avait excités par un édit appelé *type*, en faveur des monothélites, hérétiques qui soutenaient qu'il n'y a en Jésus-Christ qu'une volonté, une seule opération; qu'enfin la volonté divine absorbe la volonté humaine.

131. *Comment Constant mourut-il, et l'an* 668, *qui lui succéda?* Etant allé à Rome pour soutenir son édit et pour inquiéter les papes, il fut étouffé à son retour dans un bain à Syracuse. Constantin Pogonat lui succéda.

132. *Quel moyen nouveau employa, dans la guerre contre les Sarrasins, Constantin Pogo-*

nat? Il se servit, pour la première fois, du feu grégeois, inventé par Callinique, et qui brûlait dans l'eau. On ne pouvait l'éteindre qu'avec du sable ou du vinaigre. Avec ce feu qui devint un secret de l'état, Constantinople se sauva plusieurs fois des flottes des Sarrasins.

133. *Que fit Constantin Pogonat après avoir terminé la guerre contre les Sarrasins, l'an* 681? Il voulut aussi pacifier l'Eglise; et, à cet effet, il assembla à Constantinople, contre les monothélites le sixième concile général auquel il présida. Ce concile condamna à l'unanimité la doctrine de ces hérétiques.

134. *Quel usage s'établit dans l'église sous le pape Boniface III, vers l'an* 606? Celui des cloches, pour annoncer aux fidèles les solennités et les exercices de l'église.

135. *Que fit le pape Boniface IV pour honorer tous les saints, l'an* 607? Le pape Boniface IV consacra en leur honneur le Panthéon, temple bâti à Rome par Agrippa, à la gloire de tous les faux dieux, et appelé aujourd'hui *Notre-Dame de la Rotonde*.

136. *Quel droit acquirent les églises vers l'an* 617? Le pape Boniface V leur donna le droit d'asile, c'est-à-dire le droit de servir de lieu de refuge pour les débiteurs et les criminels, afin de les soustraire à la vindicte publique.

137. *De cette manière les criminels ne pouvaient-ils pas impunément violer les lois, échap-*

per à l'action des magistrats, et se mettre à l'abri des poursuites de la justice? Il n'en était pas ainsi; les asiles n'étaient point un refuge assuré pour ceux qui s'étaient rendus coupables d'un crime avéré ou de propos délibéré. Ils avaient pour but de fournir un lieu de sûreté aux innocens accusés et poursuivis injustement, de laisser aux juges le temps d'examiner les cas incertains et douteux; de mettre les accusés à couvert des vengeances et des voies de fait; enfin, de donner aux évêques le pouvoir d'intercéder pour les coupables qui s'amendaient, ou qui n'avaient commis un crime que par inadvertance, par cas fortuit et involontairement. Cette triste ressource, nécessaire dans des temps de violence, et où les vengeances particulières étaient tolérées, n'a cessé de l'être, que quand l'autorité des lois, la police des villes, la juridiction des tribunaux ont été solidement établies.

138. *Que fit le pape Léon II, l'an* 682? Ce savant pontife se servit de sa science dans la musique pour composer des chants propres à exciter la piété des fidèles.

Justinien second, des peuples detesté,
Après dix ans de règne est pris et mutilé
Par Léonce, qu'enferme Absimare-Tibère.
Doge est le nom du chef que Venise révère.

139. *Qui était Justinien II, surnommé* Rhinotmète, *ou nez coupé?* Il était fils aîné de Constantin Pogonat, auquel il succéda en 685. Il se ren-

dit odieux aux peuples à cause de son hérésie et de sa cruauté.

140. *Pourquoi le patrice Léonce fit-il couper le nez à Justinien II, et le bannit-il de l'empire?* Parce que cet empereur avait ordonné à un eunuque, devenu gouverneur de Constantinople, de faire massacrer dans une seule nuit tous les orthodoxes de la ville, à commencer par le patriarche.

141. *Que devint Léonce après avoir usurpé l'empire de Justinien II?* Il fut à son tour déposé par Absimare, nommé Tibère II, qui, choisi par les soldats pour gouverner, l'an 695, fit enfermer son prédécesseur dans un monastère, après lui avoir fait couper le nez et les oreilles.

142. *Comment la république de Venise se forma-t-elle vers la fin du septième siècle, ou au commencement du suivant?* Différentes îles, indépendantes auparavant les unes des autres, s'unirent alors, avec l'agrément de l'empereur et du pape, pour faire une république sous un chef appelé *doge*, dont l'autorité était fort limitée.

143. *Quel fut l'état de l'église pendant ce siècle?* Elle fut agitée par l'hérésie des monothélites, persécutée dans ses pasteurs par quelques empereurs, et attaquée dans ses enfans par le fanatisme des Sarrasins; cependant elle fit quelques conquêtes, saint Wilfride fit connaître l'évangile aux Frisons, et saint Gall à l'Helvétie.

VIIIe SIÈCLE DE L'ÈRE CHRÉTIENNE.

DEPUIS L'AN 700 JUSQU'A L'AN 800.

Justinien rentré périt comme Bardagne.
Pélage est en Léon quand le Maure a l'Espagne.

144. *Quel exploit fit Justinien II, l'an 705?* Remonté sur le trône avec l'aide des Bulgares, il reprit Constantinople, où il fit mourir cruellement ses deux compétiteurs Léonce et Tibère Absimare, qu'il tua de sa main dans le cirque après leur avoir mis le pied sur la gorge en présence du peuple.

145. *Jusqu'où Justinien II porta-t-il son caractère vindicatif?* On dit que chaque fois qu'il était obligé de porter la main sur son nez coupé, il condamnait au dernier supplice quelques-uns de ceux qui avaient favorisé le parti de ses ennemis.

146. *Quelle fut la fin de Justinien II, l'an 711?* S'étant de nouveau rendu odieux à ses sujets, il fut remplacé par Philippique Bardanes, ou Berdagne qui, proclamé empereur, lui fit couper la tête au milieu de son camp. C'est en Justinien II que s'éteignit la famille d'Héraclius.

147. *Comment finit Philippique Bardanes, successeur de Justinien II?* Ce prince indolent, mais obstiné monothélite, fut arrêté, un an ou deux après son élévation, par les grands de l'empire, qui l'exilèrent le jour de la Pentecôte, 713

et proclamèrent Anastase II, nommé auparavant Artémius.

148. *Que fit Ina, roi des Saxons occidentaux d'Angleterre, l'an 726?* Il se sépara de sa femme, abdiqua la royauté, et se fit moine après avoir obligé ses sujets à payer chaque année au pape un denier pour chaque maison. Dans la suite Ethelwolf, roi de presque toute l'Angleterre, ordonna la même chose; ce tribut qui était, dit-on, d'un sterling par feu, était appelé *denier de saint Pierre.*

149. *Comment le roi Pélage devint-il le restaurateur des états chrétiens d'Espagne, l'an 716?* Les Sarrasins d'Afrique nommés Maures, parce qu'ils étaient venus de la Mauritanie, s'étaient rendus maîtres de presque toute l'Espagne sur Rodrigue, dernier roi des Visigoths : Pélage, issu des anciens rois du pays, s'était retiré dans les montagnes de Léon et des Asturies; et là, fort de sa position, il commença à reconquérir ses états.

150. *Quelle fut la cause de la ruine de Rodrigue?* Ce prince, imitant les déréglemens de Vitiza, son prédécesseur dont il avait usurpé le trône, avait fait un outrage à la fille du comte Julien, qui, pour s'en venger, attira les Sarrasins en Espagne où ils fondèrent neuf royaumes. (1)

151. *Quelle fut la puissance des Maures en*

(1) Voyez les *Leçons de géographie ancienne et du moyen âge*, par M. Ducros de Sixt.

Espagne, après qu'ils eurent détruit le royaume des Visigoths? Ils régnèrent dans toute l'Espagne, à l'exception du royaume de Léon, où le roi Pélage fit de grands exploits contre eux jusqu'à l'an 737, époque de sa mort.

152. *Quel fut l'effet de la résistance courageuse du roi Pélage et de ses successeurs?* Plusieurs princes espagnols, qui voulurent l'imiter, formèrent peu-à-peu les états de Navarre, d'Aragon, de Castille et reprirent successivement la plupart des états conquis par les Maures.

On vit partout gémir, sous Léon-l'Isaurique,
La science, les arts, le chrétien catholique.

153. *Pourquoi Anastase II, successeur de Justinien II, fut-il détrôné, l'an* 716? L'armée navale qu'il avait envoyée contre les Sarrasins n'ayant pas fait son devoir, se révolta contre lui; et, pour éviter d'être punie, elle obligea Théodose III, simple financier, à accepter l'empire malgré lui.

154. *Que fit Théodose III peu de temps après son élection?* Voulant embrasser l'état ecclésiastique, comme Anastase II dont il avait déjà choisi le cloître, il se démit de l'empire en faveur de Léon l'Isaurique, né en Isaurie, homme courageux, mais féroce, et regardé comme le fléau de la religion et de l'humanité.

155. *Quel succès eut Léon l'Isaurique contre les*

Sarrasins? Faisant usage du feu grégeois, il les força à lever honteusement le siège qu'ils avaient mis devant Constantinople, où ils perdirent plus de 3,000 vaisseaux.

156. *Quels maux Léon l'Isaurique causa-t-il à l'église*? A la sollicitation d'un juif qui lui avait prédit l'empire, il publia un édit contre le culte de respect et de vénération qu'on doit aux images des saints et surtout à la croix, instrument et souvenir du bienfait de la rédemption, et donna lieu à la persécution des iconoclastes (briseurs d'images et de croix) contre les catholiques. Cette persécution détruisit plusieurs chefs-d'œuvre de peinture, de sculpture et de littérature.

157. *Quel traitement Léon l'Isaurique fit-il aux gens de lettres chargés du soin de sa bibliothèque*? N'ayant pu les gagner ni par promesses ni par menaces, il les fit enfermer dans sa bibliothèque avec des médailles, des tableaux sans nombre et plus de 30,000 volumes, et ordonna que le tout devînt la proie des flammes.

158. *Comment Léon l'Isaurique perdit-il ses états en Italie, l'an 741*? Voulant se venger de l'excommunication que les papes Grégoire II et III avaient lancée contre lui, il équipa une flotte qui fit naufrage dans la mer Adriatique; cette circonstance détermina le peuple de Rome à s'affranchir de la domination de ce tyran, qui mourut peu de temps après.

159. *Pourquoi l'empereur Constantin IV, fils et successeur de Léon l'Isaurique, fut-il surnommé*

Copronyme? Parce que, durant la cérémonie de son baptême, il avait souillé les fonts baptismaux, présage de son impiété et de sa nullité, qui le rendirent souverainement odieux à ses sujets.

160. *Que répondit le saint abbé Etienne à ce prince qui lui disait : « O homme stupide, com-« ment ne conçois-tu pas que l'on peut fouler aux « pieds l'image de Jésus-Christ, sans offenser « Jésus-Christ même?* Je puis donc, répondit-« il en lui montrant une pièce de monnaie qui « portait l'effigie de cet empereur, fouler aux « pieds cette image, sans manquer au respect « que je vous dois. » Il la jette par terre et marche dessus; aussitôt les courtisans se jettent sur lui et le maltraitent. « Quoi! s'écrie-t-il, « c'est un crime digne du supplice de profaner « l'image d'un prince de la terre, et ce n'en se-« rait pas un de fouler aux pieds, de profaner et « de jeter au feu l'image du roi du ciel. » On le traîna en prison où il fut mis à mort.

161. *Quel phénomène singulier arriva sous le règne de Constantin Copronyme, l'an 763?* Il fit en automne un si grand froid, que le Bosphore et le Pont-Euxin furent glacés dans une étendue de 60 lieues. La glace avait en plusieurs endroits 30 coudées de profondeur, et elle fut couverte de neige à une pareille hauteur.

162. *Quelle perte fit en Italie l'empire d'Orient, vers l'an 743?* Astolphe, roi des Lombards, prit Ravenne, chassa l'exarque qui commandait pour

l'empereur ; et après plusieurs autres victoires il alla assiéger Rome, délivrée ensuite par Pépin, alors maire du palais en France.

163. *Quel fut l'empereur Léon IV?* Fils et successeur de Constantin Copronyme, il hérita de son hérésie comme de sa dignité ; et, quoiqu'il eût feint d'abord de protéger les catholiques, il se moqua depuis également et des adorateurs et des destructeurs d'images.

164. *Comment mourut Léon IV, l'an* 780? D'une maladie pestilentielle, dont il fut frappé, disent les historiens grecs, pour avoir osé porter une couronne de diamans que l'empereur Maurice avait donnée à l'église de Constantinople.

165. *Quand le culte des images fut-il rétabli à Constantinople?* Ce fut sous le règne de Constantin V, fils de Léon IV, et pendant la régence de sa mère Irène, qui, aidée du saint patriarche Tarasius, fit convoquer le septième concile général à Nicée, où fut rétabli le culte des images, l'an 787, sous le pape Adrien.

166. *Que fit Constantin V, outré de ce que sa mère Irène et le patrice Stauratius gouvernaient sans sa participation?* Il les exila tous deux, fit crever les yeux à Nicéphore son oncle ; puis, s'abandonnant à ses passions, il répudia Marie, son épouse légitime, pour prendre en secondes noces la femme de chambre de cette impératrice.

167. *Que fit Irène pour remonter sur le trône?* Elle fit crever les yeux à l'empereur Constan-

tin V, son fils, qui en mourut de douleur; et par là elle se fraya la route au pouvoir suprême.

168. *Dans quelle négociation Irène entra-t-elle avec Charlemagne, proclamé à Rome empereur d'Occident?* Elle lui fit faire des propositions de mariage; mais, pendant que les ambassadeurs de Charlemagne étaient encore à Constantinople, Nicéphore, le même qui fut nommé ensuite empereur l'an 802, la chassa du trône et la relégua dans l'île de Lesbos.

169. *Quel fut l'état de l'église pendant le 8e siècle?* L'église eut beaucoup à souffrir des persécutions pleines de cruautés que lui suscitèrent les iconoclastes; Constantin Copronyme surtout se conduisit en véritable Néron. Tandis que la foi s'éteignait en Orient par les conquêtes dévastatrices des fanatiques sectateurs de Mahomet, saint Boniface, Anglais de nation, en portait le flambeau en Allemagne; il fut aidé dans son apostolat par un grand nombre de moines sortis des écoles d'Irlande et de Provence.

170. *L'empire qu'avait fondé Mahomet, resta-t-il long-temps uni?* Non, les partisans d'Ali et ceux de Moavia chef des Ommiades, se firent une guerre acharnée; cet acharnement s'établit vers l'an 746, entre les Abbassides descendans d'Abbas oncle de Mahomet, et les Ommiades; ceux-ci périrent tous, à l'exception de l'émir Abdérame, qui se tint long-temps caché dans une retraite ignorée en Mauritanie; étant sorti

de cette retraite, d'où il avait entretenu des intelligences avec l'Espagne, il passa dans cette contrée, se rendit bientôt indépendant et fonda un califat connu sous le nom de califat d'Occident.

171. *Quels furent les trois califats qui se formèrent, et faites connaître les noms des principaux chefs et leurs principales actions?* Ces califats furent celui des Abbassides en Orient, celui des Ommiades en Occident, et celui d'Afrique occupé par plusieurs chefs indépendans, qui reconnurent toutefois la suprématie spirituelle des Abbassides jusqu'en 958 que s'élevèrent les Fatimites. Le tableau suivant indiquera ces chefs et leurs actions.

TABLEAU DES TROIS CALIFATS.

CALIFES OMMIADES, *Descendans d'Ommias, l'un des principaux chefs de la Mecque, rivaux des Abbassides.*	AFRIQUE.	CALIFES ABBASSIDES, *ou descendans d'Abbas, oncle paternel de Mahomet.*
756-788. Abdérame I, premier calife d'Occident. Ses guerres contre les partisans des Abbassides affermissent son trône et lui font perdre la Septimanie. Il transplante en Espagne les sciences	L'Afrique avait reconnu les califes Abbassides; mais les émirs y régnèrent bientôt en souverains, et l'autorité des commandeurs des croyans fut réduite à la suprématie spiri-	750-754. Aboul-Abbas, premier calife Abbasside. 762. Fondation de Bagdad, sous Abou-Giafar-Almanzor. 775-784. Mohammed Mahadi; prince généreux et magnifique.

OMMIADES.

et la magnificence des Arabes.

788-822. Hescham I et Al-Hakkam I.

Troubles intérieurs et progrès des chrétiens sous Alphonse-le-Chaste, roi d'Oviedo.

822-852. Abdérame II, *le Victorieux*.

Il fait alliance avec l'empereur Michel-le-Bègue contre le calife de Bagdad.

844. Les Northmans pillent Lisbonne, Cadix, Séville, etc.

851. Victoire sur Ordogdno, roi de Léon.

852. Mohammed I. Sous son règne, l'Espagne musulmane est déchirée par des divisions intestines et par la guerre étrangère. Le prince Al-Moundhir repousse les chrétiens et réprime les deux révoltes de Mousa et de Ben-Afsoun, qui devaient renaître sous les règnes suivans.

Alfonse-le-Grand, roi de Léon, s'agrandit aux dépens des Maures.

886-912. Anarchie

AFRIQUE.

tuelle, qu'ils perdirent en 958.

788. Edris-ben-Edris fonde la dynastie des Edrissites dans la Mauritanie. — Fez devient sa capitale.

800. Ibrahim-ben-Agleb, chef de la dynastie Aglabique dans l'Afrique carthaginoise et la tripolitaine. — Kairoan, capitale.

827, etc. Conquête de la Sicile et de Malte par les Aglabites.

La Sicile devient le centre d'opérations des flottes musulmanes, qui vont déposer, sur les côtes d'Italie et de Provence, des troupes de pirates et d'aventuriers.

868. Toulun, gouverneur d'Egypte, fonde dans cette province une dynastie indépendante.

ABBASSIDES.

780. Guerre avec l'empire grec. Haroun s'avance jusque devant Chalcédoine.

786-809. Haroun-al-Raschid succède à son frère Al-Hâdi. Il envoya à Charlemagne une clepsidre et un jeu d'échecs; c'est à lui que la France doit ses meilleures espèces de fruits et de légumes.

Ses huit expéditions contre les Romains Orientaux.

L'empire musulman parvient à son plus haut degré de splendeur.

Magnificence de la cour. Éclat des lettres.

813-833. Al-Mamon; prince vertueux, instruit et tolérant. Il éclaire ses peuples et les rend heureux.

833-844. Motassem.

838. Guerre d'Amorium, dans l'Asie mineure.

841. Introduction des esclaves turcs dans la garde des califes. Prétentions et désordres de cette milice.

La plupart des suc-

OMMIADES.

—

sous Al-Moundhir et Abdallah.

912-961. Abdérame III, le Grand.

Il relève la puissance et la gloire du califat.

912. Victoire des Musulmans sur les chrétiens, au Val-de-Jonquera.

939. Le roi Ramire II, après de brillans succès, perd la sanglante bataille de Simancas, qui amena la paix en 942.

944. La rébellion des Beni-Hafsoun est étouffée, après avoir duré 80 ans.

950. Abdérame se fait reconnaître calife dans le Mogreb, (empire de Maroc), en Afrique.

Alliance avec Constantin VII.

Magnificence d'Abdérame III.

961 - 976. Règne paisible de Al-Hakkam II.

975 - 1009. Hescham II.

Brillantes victoires de l'*hadjeb* Mohammed-Almanzor sur les Chrétiens.

998. Sa défaite et

AFRIQUE.

—

908. Obéidollah détrône les Aglabites et les Edrissites en 909. Il est le chef de la race des Fatimites et le premier *Mahadi*; mort en 934.

CALIFES. FATIMITES.

—

953-975. Moëz Ledinillah, premier calife.

968. Conquêtes de l'Egypte par Djewhar.

Fondation du Caire (el Khaïra), qui devient la résidence des nouveaux califes.

980. Conquête de la Syrie sous le règne d'Azis-Billah.

ABBASSIDES.

—

cesseurs de Motassem périssent d'une mort tragique.

890. Origine de la secte anti-sociale des Karmates. Elle excite la guerre civile et désole les provinces pendant un siècle.

934-940. Califat de Rhadi.

935. Ibn-Rayek, premier Emir-al-Omrah.

Il s'élève de toutes parts des dynasties indépendantes qui ne laissent au calife que la ville de Bagdad, avec la suprématie spirituelle.

997-1028. Mahmoud le Gaznévide élève un puissant empire dans la Perse, sur les ruines de plusieurs dynasties.

1028. Massoud succède à son père Mahmoud sous le califat du juste Kader Billah.

Seldjoucides.

1038. Les Turcomans se révoltent contre Massoud, et renversent la domination des Gaznévides sous leur chef Togrul-Beg, petit-fils de Seljouk, qui se fait

OMMIADES.

sa mort à Medina-Céli.

Décadence du califat d'Espagne.

1009. *Mohammed* detrône Hescham II. Le califat tombe en proie aux rebelles et aux usurpateurs.

1031. Déposition de Hescham III, dernier calife.

Démembrement du califat de Cordoue.

1010. R^e de Murcie.
1010. . . Badajoz.
1013. . . Grenade.
1014. . . Sarragosse.
1015. . . Majorque.
1021. . . Valence.
1023. . . Séville.
1026. . . Tolède.
1031. . . Cordoue.

L'année qui vit le démembrement du califat de Cordoue vit celui du royaume de Navarre, qui, sans cette division, aurait pu chasser plus tôt les Maures de l'Espagne.

FATIMITES.

996-1021. Hakem, petit-fils de Moëz, veut établir un nouveau culte et s'en faire la divinité.

Druzi fonde la secte mystique des Druzes, qui existe encore.

1036-1094. Règne de Mostanser Billah. Il aspire au califat universel, et réunit ceux du Caire et de Bagdad, qui furent de nouveau divisés après lui.

Le califat du Caire se prolongea jusqu'à l'an 1171, où il fut aboli par Saladin, fils de Job ou Ayoube, chef des Ayoubites.

ABBASSIDES.

proclamer sultan à Nischabourg. Alp-Arslan, son successeur, fait la guerre à l'empereur Romain Diogène, et s'empare de l'Arménie et de la Cappadoce (1071).

1072-1092. Sous le règne de Malek-Schah, les Seldjoucides achèvent la conquête de l'Asie mineure et de la Syrie; mais leur vaste empire se divise à la mort de ce grand prince, et on voit se former les sultanies de Roum, d'Alep, de Damas et de Kerman, tributaires du royaume de Perse. Vers 1190, un sultan des Ismuchiens de l'Irak persien, se rendit fameux sous le nom de *Vieux-de-la-Montagne.* Chef des sectes que les Musulmans appelaient schismatiques, il avait des sujets qui se dévouaient pour assassiner, au péril de leur vie, ceux que leur prince désignait comme impies.

IXe SIÈCLE DE L'ÈRE CHRÉTIENNE.

DEPUIS L'AN 800 JUSQU'A L'AN 900.

Au neuvième, huit Grecs gouvernent dans Byzance,
Lorsque huit faibles rois se succèdent en France.

172. *Comment finit Nicéphore, qui le premier reconnut Charlemagne pour empereur d'Occident?* Ce prince avare et sanguinaire fut tué l'an 811, dans la guerre qu'il fit à Crumne, roi des Bulgares, qui se montra sauvage au point de faire enchâsser le crâne de son ennemi pour s'en servir comme d'une coupe.

173. *Quel sort eut Michel I Curopalate, gendre et successeur de Nicéphore I?* Michel I, doux et humain, mais peut-être trop faible, fut obligé de quitter le trône l'an 814, et d'entrer dans un monastère.

174. *Quel exploit fit Léon V l'Arménien?* Il battit les Bulgares, et fit avec eux une trève de 30 ans; mais l'an 820, il fut massacré par Michel II son successeur, le jour de Noël, au moment où il vaquait aux offices de l'église.

175. *Quel fut Michel II le Bègue?* Michel II, avare, cruel, et dont l'ignorance était si grande qu'il ne savait ni lire ni écrire, fut battu ignominieusement par les Sarrasins, et mourut par suite de ses débauches en 829.

176. *Comment finit Théophile, fils de Mi-*

chel II le Bègue, l'an 842? Il mourut de chagrin parce qu'il avait perdu cinq batailles consécutives contre les Sarrasins.

177. *Quel fut Michel III, dit l'ivrogne, fils et successeur de Théophile?* Ce fut un prince barbare et inhumain qui fit renfermer dans un couvent sa mère Théodora, après que cette princesse eut heureusement terminé la longue dispute des iconoclastes sur les images, et qu'elle eut mis fin à leurs cruelles persécutions.

178. *Que fit Basile le Macédonien, meurtrier de Michel III, qui l'avait associé à l'empire?* Il convoqua le huitième concile général à Constantinople contre Photius, premier auteur du schisme des Grecs; l'an 886, il fut tué à la chasse par un cerf qui lui enfonça son bois dans le ventre. On lui attribue un recueil de lois que suivent encore les nations slaves des bords du Danube.

179. *Quel fut le caractère de Léon VI, fils et successeur de Basile le Macédonien?* Ce prince, appelé *philosophe*, moins pour sa conduite que pour la protection qu'il accorda aux savans, ouvrit en quelque sorte aux Turcs, sortis de la Tartarie, le chemin de Constantinople, en les appelant à son secours contre les Bulgares.

180. *Quel fut le premier prince connu en Russie*, 861? Ce fut Rurik; c'est de lui que sont descendus tous les grands ducs et czars jusqu'en 1598; Rurik et un grand nombre de ses descendans fixèrent leur résidence à Novogorod, surnom-

mée la Grande, et qui ensuite se gouverna quelque temps en république. Rurik était sorti de la Scandinavie à la tête d'une horde de Normands appelés *Warègues*; ce fut de leur chef que l'état de Novogorod prit, dit-on, le nom de Russie.

181. *Jusqu'à quel point cette ville fut-elle florissante?* Elle fut si florissante, qu'elle donna lieu à ce proverbe célèbre dans le nord : *qui peut résister à Dieu et à la grande Novogorod.*

182. *Dans quel pays se répandirent encore les Normands, vers l'an* 874? Une colonie de ces peuples passa en Islande où elle fonda un état républicain qui devint florissant par son commerce et sa littérature; c'est cette littérature seule qui nous a fait connaître les antiques traditions du nord.

En 980, Eric-le-Roux, Islandais, découvrit le Groënland. Olaf I et II, rois de Norwège qui régnaient dans le commencement du 11e siècle, rendirent tributaires l'Islande et le Groënland, et y introduisirent le christianisme qu'ils avaient eux-mêmes établi en Norwège.

183. *Quels furent les 8 empereurs qui régnèrent successivement en Occident pendant le 9e siècle?* Ce furent *Charlemagne*, restaurateur de cet empire; *Louis-le-Débonnaire*, *Lothaire*, *Louis II le Jeune*, *Charles-le-Chauve*, *Charles-le-Gros*, *Arnould*, *Louis IV* surnommé l'enfant, et qui mourut sans postérité en 911, dernier

de la race de Charlemagne en Germanie (1).

184. *Qu'arriva-t-il après la mort de Louis IV*? Le royaume de Germanie passa aux Allemands, en la personne de Conrad, duc de Franconie, tandis que la qualité d'empereur d'Occident se trouvait anéantie par le règne des Lombards en Italie.

185. *Quelle fut la cause des révolutions étranges arrivées dans l'empire après la déposition de Charles-le-Gros*? Bérenger, duc de Frioul, et Gui, duc de Spolète, tous deux Lombards d'origine, se firent élire roi d'Italie chacun de son côté; ils eurent des successeurs toujours rivaux qui prirent la qualité d'empereurs.

Le Bulgare eut la foi. L'Arabe de Candie,
Puis de Sicile sort, et fond sur l'Italie.

186. *Quand s'établit le royaume de Bulgarie*? On ne connaît pas bien l'origine de ces peuples, placés sur les confins de l'empire d'Orient en Europe; mais il semble certain que ce fut au 9e siècle qu'ils embrassèrent le christianisme sous leur roi Bogoris, et qu'ils se jetèrent peu de temps après dans le schisme des Grecs.

187. *Avec quel succès les Sarrasins ou Turcs, maîtres des îles de Candie et d'une partie de la Sicile passèrent-ils en Italie*? Ils vinrent assiéger la ville de Rome, brûlèrent le monastère du Mont-Cassin et s'emparèrent d'un grand nombre

---

(1) Voyez *Histoire de France*, vol. IV des *Leçons de chronologie et d'histoire*.

de provinces mal défendues par les gouverneurs que la faiblesse des rois ou empereurs français de la race Carlovingienne, et surtout de Charles-le-Gros, avait rendus indépendans.

Rois d'Arles, de Bourgogne, ont des états puissans :
Comtes et ducs, règnent dans leurs gouvernemens.

188. *Par qui fut établi le royaume d'Arles?* Par Boson, comte d'Arles, beau-frère de Charles-le-Chauve, et gendre de l'empereur Louis II.

189. *Quel titre Boson obtint-il, l'an* 879? Il eut le titre de roi de Provence ou d'Arles, la ville la plus considérable de la Provence, et fut couronné par les prélats dans un concile tenu au château de Mantailles, près de Vienne en Dauphiné.

190. *Comment Boson, au comble de ses vœux, reçut-il cet honneur?* Il affecta de se reconnaître indigne du sceptre : « Mais je n'ose, dit-il aux prélats, résister à vos ordres, persuadé qu'il me faut obéir aux évêques inspirés de Dieu. »

191. *Quel nom donnait-on au royaume d'Arles qui s'étendait entre la Saône, le Rhône, la mer et les Alpes?* On l'appelait aussi le royaume de Bourgogne *cis-jurane*, parce qu'il comprenait toute la partie de l'ancienne Bourgogne en deçà du mont Jura.

192. *Qui fut le premier prince et roi du royaume de la Bourgogne trans-jurane, comprise entre le mont Jura et les Alpes?* Ce fut Raoul ou Ro-

dolphe, premier fils du comte de Paris, Robert-le-Fort, et qui se fit couronner à Saint-Maurice en Valais, la même année que fut déposé Charles-le-Gros, empereur et roi de France.

193. *Outre le royaume d'Arles, quelles autres souverainetés se formèrent en France dans le 9e siècle?* On vit naître successivement les comtés de Flandre, de Champagne, de Toulouse, et les duchés de Guyenne, de Normandie, etc.

194. *A quoi doit-on attribuer la formation des différentes souverainetés en France dans le 9e siècle?* A la faiblesse des derniers rois de la seconde race, et au peu d'autorité qu'avaient les premiers rois de la troisième race.

195. *Comment se formèrent, dans le neuvième siècle, diverses souverainetés en France?* Les gouverneurs des villes et des provinces, après s'y être fortifiés, s'y rendirent indépendans, moyennant un hommage qu'ils rendaient au roi en qualité de feudataires.

196. *Quel tribut humiliant fit cesser en Espagne Ramir, roi de Léon?* Celui qu'Aurélio et Maurégat ses prédécesseurs, environ un siècle auparavant, avaient accordé aux Sarrasins Maures, et qui consistait à leur livrer chaque année cent jeunes filles.

197. *Comment la ville de Barcelone, devint-elle dans le 9e siècle, un comté souverain?* Cette ville, qui avait été conquise sur les Sarrasins

par Charlemagne, obtint de Louis-le-Débonnaire, l'an 839, un comte ou gouverneur, nommé Bernard, dont les successeurs se rendirent bientôt souverains indépendans.

Navarre en Iznar vit la tige souveraine,
Quatre sceptres Egbert joignit à son domaine.

198. *Comment, dans le 9e siècle, commença le royaume de Navarre et les autres royaumes d'Espagne, qui en sortirent depuis?* Il commença en partie par la révolte des habitans contre les rois de France Louis-le-Débonnaire et Charles-le-Chauve, et en partie, dit-on, par l'ambition d'Iznar, dont on ignore l'origine, et qui se déclara leur chef et fut la tige des rois espagnols.

199. *Comment le roi Anglo-Saxon Egbert ou Egebert, surnommé le Petit-Charlemagne, commença-t-il la monarchie d'Angleterre, l'an 867?* Ce roi, déjà possesseur de Ouest-Sex, c'est-à-dire du royaume le plus considérable des sept qui avaient été établis 300 ans auparavant par les Saxons, en réunit cinq sous sa domination.

200. *Que firent les successeurs d'Egbert?* Ils conquirent les deux autres royaumes des Anglo-Saxons, ils mirent ainsi fin à l'heptarchie, et ne formèrent de toute l'Angleterre, qu'un seul royaume.

EMPEREURS ET ROIS D'ITALIE, CARLOVINGIENS.

1. CHARLEMAGNE, ou *Charles I*, fils de *Pépin-le-Bref*, R. des Francs, 768; des Lombards, 774; couronné empereur à Rome, 800. † 814.

2. PÉPIN, roi d'Italie, 781. † 810.

4. LOUIS I, dit *le Débonnaire*, empereur, 814. † 840.

3. BERNARD, R. d'Italie, 810. † 818.

Adélaïde, selon quelques-uns, E. *Lambert*.

5. LOTHAIRE I, associé à l'empire, 717. † 855.

7. CHARLES II, dit *le Chauve*, R. de France, 840; emp. et R. d'Italie, 875 et 876. † 877.

LOUIS, dit *le Germanique*, R. d'Allemagne, 840. † 876.

Gisèle, E. *Everhard*, C., 867.

Pépin, tige des comtes de Vermandois.

10. GUY, duc de Spolète; roi d'Italie, 888; emp. 891. † 894.

6. LOUIS II, associé à l'Empire, 850. † 875.

Lothaire II, R. de Lorraine, 855. † 869.

Charles, R. de Provence, † 863.

8. CARLOMAN, R. de Bavière, 876; d'Italie, 877. † 880.

Louis II, dit *le Jeune*, R. de Saxe. † 882.

9. CHARLES III, dit *le Gros*, emp. et R. d'Italie, 880. † 888.

14. BÉRENGER I, D. de Frioul, R. d'Italie, 888; emp., 916 † 924.

11. LAMBERT, emp. et R. d'Italie, 891. † 898.

Irmengarde, E. *Boson*, R. de la Bourg. Cisjurane, † 887.

Berthe, E. *Thibaud*, C. d'Arles.

12. ARNOUL, fils nat., R. d'Allemagne, 887; emp. et R. d'Italie, 896. † 899.

Gisèle, E. *Adelbert*, Marq. d'Ivrée.

LOUIS IV, *l'Enfant*, R. d'Allemagne. † 911 sans postérité.

Zuentibold, f. nat., R de Lorraine, 895. † 900.

Hedwige, fille nat. E. *Othon*.

13. LOUIS, R. de la Bourg. Cisjurane, 887; d'Italie, 899; emp., 902; chassé, 902. † vers 928.

16. HUGUES, C. de Provence, R. d'Italie, 926. † 947.

* * *

15. RODOLPHE, R. de Bourg., élu R. d'Italie contre Bérenger I, 921; chassé, 926. † 937.

18. BÉRENGER II, R. d'Italie, 950; détrôné par Othon-le-Grand. † 926.

17. LOTHAIRE II, associé au royaume d'Italie, 431. † 950. E. *Adélaïde*, fille du roi Rodolphe.

Adélaïde, E. 1. *Lothaire*, R. d'Italie. 2. *Othon-le-Grand*, R. d'Allemagne.

19. ADELBERT, R. d'Italie conjointement avec son père.

TABLEAU DES DIFFÉRENS ÉTATS

FORMÉS DES DÉBRIS DE L'EMPIRE DE CHARLEMAGNE.

Royaumes du premier ordre.

GERMANIE.

888. Arnoul, fils naturel de Carloman, est élu roi d'Allemagne à la diète de Tribur-sur-le-Rhin, du vivant même de Charles-le-Gros. Il reçoit l'hommage des rois de France, d'Italie et de Bourgogne, et dispose du royaume de Lorraine en faveur de Zuentibold, son fils naturel.

896. Arnoul passe en Italie après la mort de Gui, et se fait couronner empereur à Rome. Les incursions des Moraves le rappellent bientôt en Germanie; il s'allie contre eux aux Hongrois, qui venaient d'arriver dans la Pannonie.

911. Louis IV, sur

ITALIE.

888. Gui, duc de Spolète, et Bérenger, duc de Frioul, se disputent la couronne d'Italie; l'Adige sépare leurs possessions.

891. Gui, déjà proclamé roi à la diète de Pavie, va à Rome se faire couronner empereur et roi des Français. Il associe à la couronne impériale son fils Lambert.

896. Lambert ne peut empêcher le couronnement d'Arnoul; mais après le départ du roi de Germanie, il se réconcilie avec

FRANCE.

888. Eudes, fils de Robert-le-Fort, duc de France et comte de Paris, qui s'était illustré par ses exploits contre les Normands et surtout par son héroïque défense de Paris, se fait donner par les grands la couronne qui appartenait à Charles-le-Simple, seul descendant légitime de Charlemagne. Eudes déjoue les projets de Gui de Spolète et de Louis de Provence sur le royaume de France, se reconnaît vassal d'Arnoul, et réduit Rainulfe, qui s'était fait roi d'Aquitaine.

893. Charles-le-Simple est sacré à Reims, et se met à la tête d'un parti puissant, afin de recouvrer son héritage.

896. Après trois ans de guerre civile, Eu-

GERMANIE.

nommé l'Enfant, fils et successeur d'Arnoul, meurt sans postérité; en lui s'éteignit en Allemagne la descendance mâle de Charlemagne : elle s'éteignit plus tard en France dans la personne aussi d'un Louis, surnommé le Fainéant.

ITALIE.

Bérenger, qui conserve le titre de roi, et qui, le dernier Italien, porta la couronne impériale. Elle resta depuis sur une tête allemande.

L'anarchie régna en Italie jusqu'au rétablissement de l'empire par Othon-le-Grand.

FRANCE.

des et Charles signent un traité de partage qui donne à Charles les provinces au nord de la Seine.

898. Par la mort de Eudes, Charles reste seul roi de France; mais les grands feudataires disposèrent encore une fois de sa couronne.

Royaumes du second ordre.

BOURGOGNE CIS-JURANNE.

879. Bozon, beau-frère de Charles-le-Chauve, venait de perdre son duché de Pavie lorsqu'il reçut le gouvernement de la Bourgogne cis juranne. Après la mort de Louis-le-Bègue, il se fit couronner roi de Bourgogne à Mantailles. Ce royaume était compris entre la Saône et le Jura, la Haute-Loire et les Alpes.

BOURGOGNE TRANSJURANNE.

888. Rodolphe Welf, issu de la maison des Guelfes, comte de la Bourgogne transjurane, se rendit aussi indépendant après la déposition de Charles-le-Gros; il se fit élire roi dans une diète tenue à Saint-Maurice en Valais. Ses états étaient situés entre la Reusse au levant, et le Jura et le Rhône au couchant.

RÉUNION DES DEUX BOURGOGNE.

Vers l'an 930, Rodolphe, roi de la Bourgogne transjurane, réunit sous son sceptre la Bourgogne cis-jurane par la cession que lui en fait Hugues, comte de Vienne

NAVARRE.

Vers l'an 831, Aznar, comte de la Marche de Navarre, se rendit indépendant de Louis-le-Débonnaire. Depuis ce temps, les Basques d'au-delà les Pyrénées ne firent plus partie de l'empire franc.

857. Dom Garcie Ximenès, descendant d'Asnar, prend le titre de roi, qu'ont toujours porté ses descendans, et règne à Pampelune.

1000. Le royaume de Navarre, agrandi des comtés d'Aragon et de Castille, parvint à son plus haut

RÉUNION DES DEUX BOURGOGNE.

et de Provence, et petit-fils par les femmes du roi Lothaire II. C'est de cette réunion que fut formé le royaume d'Arles.

1033. Rodolphe III lègue par son testament le royaume d'Arles à l'empereur Conrad II. C'est ainsi que la couronne de Bourgogne se réunit à celle de Germanie.

NAVARRE.

degré de puissance sous le règne de Sanche-le-Grand, quatrième successeur de Garcie I.

1035. Sanche III, ou le Grand, partage en mourant son royaume entre ses trois enfans.

Démembrement du royaume de Navarre.

CASTILLE.

1035. Ferdinand, I du nom, eut le comté de Castille, qui fut érigé en royaume lors de son mariage avec la fille du roi de Léon. Ferdinand I, ayant vaincu et tué dans une bataille Bermude III son beau-frère, réunit la couronne de Léon et celle de Castille. Ce fut en Bermude que s'éteignit la descendance mâle des anciens rois d'Oviédo, qui, s'étant agrandis aux dépens des Sarrasins, avaient régné à Léon depuis 914.

Ce règne de Ferdinand vit commencer l'illustration du Cid, immortalisé par notre Pierre Corneille,

ARAGON.

1035 Ramire I, à qui on attribue les anciennes cortès d'Aragon, fut la souche de tous les rois d'Aragon qui se sont succédés jusqu'à Ferdinand-le-Catholique.

Par son mariage, en 1469, avec Isabelle de Castille, ce dernier prince réunit les différens états de l'Espagne, où il mit fin à la domination des Maures ou Arabes, qu'il chassa entièrement en 1492, la même année que Christophe Colomb

NAVARRE.

Don Garcie IV eut la Navarre, qui, serrée entre la France et les états chrétiens d'Espagne, ne put s'étendre comme les autres. Don Garcie fut aussi la tige d'une longue suite de rois, dont le dernier, dépossédé par Ferdinand-le-Catholique, fut Jean d'Albret, grand-père de Jeanne III d'Albret, mère d'Henri IV. Cette couronne, transmissible par les femmes, fut portée, en 1229, par Blanche de Navarre, dans la maison de Champagne, et dans celle de France, en 1279, par Jeanne I, qui épousa Philippe-le-Bel. Ce roi et ses

CASTILLE.	ARAGON.	NAVARRE.
et s'étendre la puissance castillane. C'est de ce Ferdinand que sont descendus tous les rois de Léon et Castille jusqu'à Isabelle, qui, en 1474, apporta en dot ces deux royaumes à Ferdinand-le-Catholique, roi d'Aragon.	découvrit la Colombie.	descendans joignirent à leur titre de roi de France celui de roi de Navarre. Ce dernier titre n'entra point dans la branche de Valois; il fut apporté dans celle de Bourbon par le mariage de Jeanne III d'Albret avec Antoine de Bourbon. Henri IV, leur fils, le réunit de nouveau à celui de roi de France.

Nota. Le démembrement de la Navarre coïncide exactement avec celui du califat de Cordoue, consommé en 1031. Cette coïncidence sauva d'abord ces deux états ennemis; mais les états chrétiens s'étant retrempés, et les états maures s'étant abandonnés à la mollesse, ces derniers finirent par être détruits par les premiers.

Xe SIÈCLE DE L'ÈRE CHRÉTIENNE.

DEPUIS L'AN 900 JUSQU'A L'AN 1000.

Au dixième, cinq Grecs empereurs d'Orient;
Cinq princes allemands empereurs d'Occident.

201. *Quels furent les cinq princes grecs qui régnèrent successivement en Orient pendant le 10e siècle?* Ce furent *Constantin Porphyrogénète*, qui laissa gouverner l'état par son oncle, sa mère Zoé et son gendre; *Romain-le-Jeune*,

qui fit mourir de poison son père Constantin Porphyrogénète; *Nicéphore Phocas*, qui reprit Candie sur les Sarrasins; *Jean Zimiscès*, qui fit mourir l'impératrice *Thédosia*, veuve de son prédécesseur; *Basile*, qui ternit sa gloire militaire en faisant crever les yeux à 15,000 Bulgares ses prisonniers, ne laissant qu'un œil à un seul soldat sur 100, pour que celui-ci pût ramener ses camarades dans leur pays.

202. *Quels furent les cinq empereurs qui régnèrent en Occident pendant le 10e siècle?* En ne comptant pour empereurs que ceux qui furent couronnés par le pape, on nomme *Conrad I*, élu empereur, l'an 912, par l'assemblée de la nation; *Henri I*, duc de Saxe, dit l'Oiseleur, ainsi nommé parce qu'il chassait aux oiseaux lorsqu'on vint lui apprendre son élection, l'an 919; *Othon I, le Grand*; *Othon II*; *Othon III*.

203. *Pourquoi Othon I le Grand fut-il regardé comme le fondateur de l'empire Germanique?* Parce qu'il dompta les peuples de la Bohême, où il empêcha Boleslas I, de persécuter le christianisme prêché par Methodius moine grec; conquit une grande partie de la Flandre et de la Bourgogne; chassa les Hongrois, et enfin érigea l'Autriche en marquisat. Ce prince épousa Adélaïde veuve de Lothaire II, mort sans enfans et fille unique de Rodolphe I, roi de Bourgogne, de Provence et d'Italie; elle lui apporta en dot ces trois royaumes; Othon se fit couronner roi d'Italie à Milan, et se rendit ensuite à Rome où

le pape Jean-XII lui conféra la dignité impériale qui se trouva ainsi rétablie, et pour toujours réunie à la couronne de Germanie.

204. *Que résulta-t-il de cette réunion?* Il en résulta le principe, que les rois élus par la nation germanique devenaient tout à-la-fois par le fait de cette élection, rois d'Allemagne, d'Italie, et empereurs; de là, l'usage d'un triple couronnement qui subsista jusqu'au temps de Maximilien I, en 1508. On remarque dans cette période de temps, qu'aucun roi d'Allemagne ne prit le titre d'empereur qu'après avoir été formellement couronné par le pape.

205. *Quelle victoire remporta Othon II, élu empereur l'an* 973? Il vainquit en Italie les Sarrasins, et en Allemagne Henri de Bavière, son cousin et son compétiteur.

206. *Pourquoi Othon III, élu empereur l'an* 993, *vint-il à Rome?* Pour rétablir le pape Grégoire son parent, chassé de ce siège par Crescence; Othon assiégea dans le château Saint-Ange, et prit cet ambitieux qui avait exercé de grandes tyrannies sous le nom de consul; il lui fit trancher la tête.

Le Brandebourg, l'Autriche, ont leurs premiers marquis.
Herman de Bilingen dans la Saxe fut mis.

207. *Quel empereur fonda le marquisat de Brandebourg en* 927, *et celui d'Autriche en* 928? Ce fut Henri-l'Oiseleur, qui établit plusieurs

fiefs formant la marche ou marquisat de Brandebourg, et qui donna l'investiture de l'Autriche à Léopold, tige des premiers marquis d'Autriche.

208. *A quelle occasion Herman de Bilingen fut-il institué duc de Saxe au préjudice de la famille impériale?* L'empereur Othon-le-Grand, ayant appris que son propre frère, duc de Saxe, conspirait contre lui avec d'autres de ses parens, donna, par dépit, ce duché à Herman de Bilingen, de qui il avait reçu d'importans services.

Marie, impératrice, est pour crime jugée.
La Savoie en comté pour Bérold érigée.

209. *Par qui les états de Savoie et ceux de Maurienne furent-ils érigés en comtés en* 1014? Par Rodolphe II, roi de Bourgogne et de Provence, qui voulut par là récompenser le zèle et la valeur de Bérold son lieutenant.

210. *Que pensent plusieurs historiens au sujet du duché de Maurienne?* Ils pensent que le comté de Maurienne ou de Savoie s'éleva des débris du royaume de Bourgogne et de Provence, après Rodolphe II, dans la personne de Humbert aux blanches mains, fils de Bérold, de qui sont sortis les ducs de Savoie, depuis rois de Sardaigne et princes de Piémont.

211. *Quelle loi fut établie en Savoie?* Ce fut la loi salique qui exclut les femmes de la couronne. Plusieurs applications de cette loi ont eu

lieu dans la maison de Savoie; la première se fit en 1263, et la dernière s'est faite en 1829.

Saint Étienne régna sur les peuples hongrois.
Boleslas par Othon fut roi des Polonois.

212. *Par qui saint Étienne fut-il nommé roi des Hongrois?* Il fut nommé premier roi de Hongrie, c'est-à-dire des Huns ou Hongres, par le pape Silvestre II, et peu de temps après, l'empereur Henri III, et Chrobry, second duc chrétien de Pologne, reconnurent cette élection.

213. *Pourquoi Boleslas fut-il fait roi des Polonais par Othon III?* Cet empereur voulut reconnaître ainsi l'attachement que la nation polonaise lui avait marqué dans son pélerinage en Pologne, lorsqu'il alla y fonder l'archevêché de Gnesne.

214. *Que fit Amé ou Amédée I, fils de Humbert?* Par son mariage avec Adélaïde de Suze, il acquit des domaines considérables en Italie, tels que le marquisat de Suze, le duché de Turin, le Piémont et le Val d'Aoste.

La Castille paraît, la Navarre s'accrut.
Au Danois converti l'Anglais paya tribut.

215. *En quel état était l'Espagne quand la Castille commença à former une souveraineté vers l'an 920?* Elle était divisée en trois royaumes: celui des Maures, celui de Navarre, et celui de Léon, dont relevait la Castille.

216. *De tous les califes qui régnèrent à Cordoue, quel fut celui dont le règne fut le plus célèbre?* Ce fut celui d'Abdérame III; sous ce prince l'empire des Maures acquit une prospérité extraordinaire; rien n'égalait la splendeur de leurs palais, ni l'opulence de leurs villes. Les Arabes d'Espagne offraient au milieu des ténèbres et de la barbarie qui couvraient le reste de l'Europe, le spectacle attrayant et singulier de tout ce que la civilisation moderne a introduit, dans nos mœurs, d'élégance et d'urbanité; leurs écoles jetèrent un grand éclat.

217. *Comment la Castille devint-elle un comté particulier?* Ordogno, roi de Léon, ayant fait mourir par surprise les quatre comtes ou gouverneurs de Castille, irrita tellement les peuples castillans, qu'ils voulurent à tout prix avoir un gouvernement indépendant du roi de Léon.

218. *Comment le royaume de Navarre s'accrut-il considérablement dans le 10e siècle?* Par la réunion du comté d'Aragon, qui s'était soustrait au joug des Sarrasins, et par le mariage de Sanche-le-Grand, roi de Navarre, avec Nugna, sœur de Garcias, et héritière de la Castille.

219. *A quelle occasion l'Angleterre paya-t-elle un tribut aux Danois?* Suénon, fils et successeur d'Harold, irrité contre le roi d'Angleterre Ethelred, qui avait exercé des cruautés inouïes sur les Danois établis dans cette île, lui fit une guerre sanglante, et rendit son royaume tributaire.

220. *Quel fruit tirèrent les Danois des victoires remportées sur les Anglais?* Ils affaiblirent tellement l'Angleterre qu'ils purent s'en emparer aisément dans le siècle suivant, sous Canut-le-Grand.

221. *Pourquoi le* 10e *siècle est-il appelé le siècle de fer pour l'église?* A cause des déréglemens où tombèrent les ecclésiastiques, et même quelques papes; mais Léon VII, homme de bien, tâcha de réparer les désordres en appelant à Rome, l'an 936, saint Odilon, abbé de Cluni en Bourgogne, et fondateur d'une des plus illustres congrégations de l'ordre de saint Benoît.

222. *Comment la foi catholique se trouva-t-elle répandue en Europe dans le* 10e *siècle, malgré la corruption de Rome?* Le Danemark fit demander des prédicateurs de l'évangile au pape Agapet II, vers l'an 946; le roi Harold reçut le baptême l'an 996: vers l'an 965, les Polonais et les Hongrois embrassèrent aussi la foi chrétienne sous le pontificat de Jean XIII.

223. *Par qui, sous le pontificat de Benoît VII, fut fondé l'ordre des Camalduls, l'an* 974? Par saint Romuald, qui se retira dans le désert avec plusieurs ermites qu'il soumit à la règle de saint Benoît, en les distinguant par un habit blanc. Cet ordre solitaire a pris son nom d'une de ses premières maisons, Camaldoli en Toscane, près de Florence.

XIe SIÈCLE DE L'ÈRE CHRÉTIENNE.

DEPUIS L'AN 1000 JUSQU'A L'AN 1100.

L'onzième eut treize Grecs empereurs d'Orient.
Conrad et trois Henri règnent en Occident.

224. *Quels furent les 13 souverains qui régnèrent en Orient pendant le 11e siècle?* Ce furent *Zoé*, fille de Constantin VII, et les quatre époux qu'elle associa successivement à l'empire, savoir: *Romain Argyre*, *Michel Paphlagonien*, *Michel Caephate*, *Constantin Monomaque* 1042; *Théodora*, sœur de Zoé; *Michel* dit *Stratiotique*, appelé à l'empire par Théodora; *Isaac Comnène*, élu par les soldats; *Constantin Ducas*, *Romain Diogène*, *Michel Ducas*, *Nicéphore Botoniate*, et *Alexis Comnène*.

225. *Quels furent les 4 empereurs qui régnèrent en Occident pendant le 11e siècle?* Ce furent *saint Henri*, duc de Bavière, appelé par les Allemands Henri II; *Conrad II* dit *le Salique*, duc de Franconie et héritier de la Bourgogne transjurane; *Henri III*, surnommé *le Noir*, qui acquit une grande prépondérance en Italie; *Henri IV*, qui eut de fréquens démêlés avec le pape Grégoire VII.

226. *Comment l'Arétin ou Gui d'Arezzo, moine de saint Benoît, découvrit-il la gamme ou la série des notes pour apprendre la musique,*

l'an 1028? Ce fut en chantant les mots de l'hymne de saint Jean : *Ut queant laxis REsonare fibris MIra gestorum FAmuli tuorum SOLve polluti LAbii reatum, Sancte Johannes.* Par cette découverte, on parvint à apprendre aux enfans plus de musique que n'en savaient des gens avancés en âge.

Les croisés pour leur chef élurent Godefroi;
Il prit Jérusalem, en fut le premier roi.

227. *Que furent les croisades, vers la fin du 11ᵉ siècle?* Ce furent les guerres entreprises en 1095 par les princes chrétiens d'Occident, et surtout par les Français, pour aller combattre en Orient les infidèles, et soustraire à leur domination les saints lieux qui avaient été le théâtre des mystères de la rédemption.

228. *D'où vient le nom de croisades?* Des croix que mettaient sur leurs bras ceux qui s'engageaient à cette guerre, et qui s'appelaient *croisés*.

229. *Quel fut le succès de la première croisade?* Les croisés, au nombre de plus 100,000 hommes, ayant choisis pour chef Godefroy de Bouillon, prirent sur les Sarrasins Nicée, Antioche et enfin Jérusalem, dont ce même chef fut élu premier roi.

230. *Quelle fut l'origine des croisades* 1095? Un gentilhomme picard nommé Pierre l'Hermite, ayant fait le pélerinage de Jérusalem fut sensiblement affligé de voir les lieux saints pro-

fanés par les infidèles; témoin et victime des avanies, des outrages et des cruautés que les Mahométans multipliaient et exerçaient contre les chrétiens d'Orient, il en fit au pape Urbain II une peinture si touchante que ce pontife prit avec cet hermite la résolution de travailler à délivrer la Palestine, et à faire respecter en Orient le droit des gens dont les princes d'Europe ne s'occupaient guère et qu'ils méconnaissaient souvent chez eux. Pierre parcourt l'Italie, l'Allemagne et la France: son âme ardente et douée de force, sa taille élevé, sa voix tonnante, sa grande austérité de mœurs, son extérieur de pénitence, rehaussent et multiplient les effets d'une éloquence rude mais pathétique; à sa voix l'enthousiasme gagne toutes les classes de la société; deux conciles sont célébrés, l'un à Plaisance et l'autre à Clermont en Auvergne où le pape vint lui-même prêcher la croisade. La peinture des souffrances des chrétiens arrache ce cri unanime de vengeance : *Dieu le veut, Dieu le veut!* La plupart s'engagent à marcher au secours de leurs frères d'Orient, et prennent pour marque de leur engagement une croix d'étoffe rouge qu'ils attachent à l'épaule droite; c'est ce qui leur fit donner le nom de croisés.

231. *Les croisés marchèrent-ils tous ensemble?* Non, ils se partagèrent en plusieurs divisions: les premières, qui prirent le chemin de l'Allemagne, de la Hongrie et de Constantinople, pour se trouver à Chalcédoine, en Bithynie, rendez-vous qui avait été indiqué par les chefs,

n'étaient composées en grande partie que d'hommes sans expérience, sans nom, sans aveu : c'était une tourbe de tout sexe, de tout âge, de fanatiques, de bandits, de débauchés, de voleurs, d'homicides qui, marchant sans ordre et sans discipline, pillant, brûlant, saccageant les pays qu'ils traversaient, périrent en majeure partie par les fatigues, la disette, les maladies, et par le fer vengeur des peuples qu'ils outrageaient. Les autres divisions formaient des armées régulières, et étaient commandées par de bons capitaines et des princes puissans. La plupart de celles-ci prirent leur route, les unes par la Dalmatie, les autres par l'Italie, où elles s'adjoignirent Boémond, prince de Tarente. Arrivés au rendez-vous les chefs passèrent en revue leur armée : elle se trouva de 100,000 cavaliers armés et 600,000 hommes de pied.

232. *Quels furent les exploits des croisés?* Après un siège de 30 jours, ils prirent, en 1098, Nicée, capitale de l'empire de Roum ou des Seldjoucides, qui depuis firent d'Iconium leur capitale. Ils traversent, non sans combat, l'Asie-Mineure. Le siège de l'importante et puissante ville d'Antioche les arrête sept mois : ils ne s'en emparent que par les intelligences qu'avait pratiquées avec l'intérieur Boémond, à qui ils l'abandonnent en récompense. Les croisés marchent ensuite vers Jérusalem, au mois de juin 1099. De 1,300,000 qu'ils étaient partis d'Europe, il ne restait plus que 20,000 hommes d'infanterie et 1,500 cavaliers. Malgré tous les efforts des as-

assiégés, qui étaient au nombre de 45,000 hommes déterminés, les croisés, par des prodiges de valeur et après 40 jours de siège, se rendent maîtres de Jérusalem, où Godefroy de Bouillon entra le premier avec Eustache et le comte de Toulouse.

233. *Comment se conduisirent les croisés?* Ils passèrent tout au fil de l'épée, n'épargnant ni le sexe ni l'âge. Quand ils furent las d'égorger, ils eurent horreur de l'horrible carnage qu'ils avaient fait. Tous marchèrent ensuite à genou, couverts de cendres et de cilices, au mont Calvaire, où ils se répandirent en pleurs et en regrets pour les fautes qu'ils avaient commises. 8 jours après ils élurent Godefroy de Bouillon roi de Jérusalem.

234. *Qui était Godefroy de Bouillon, que les croisés élurent pour leur chef?* Il était fils d'Eustache, comte de Boulogne, et héritier par sa mère des états de Godefroy-le-Bossu, duc de la basse Lorraine.

235. *Pourquoi Godefroy de Bouillon, élu roi de Jérusalem, refusa-t-il de porter la couronne?* Il disait par humilité qu'un tel faste ne convenait point dans le lieu où Jésus-Christ avait été couronné d'épines: il refusa le titre de roi, et prit celui de duc et d'avoué, c'est-à-dire protecteur du Saint-Sépulcre.

236. *Que devint Godefroy de Bouillon, après avoir régné un an à Jérusalem?* Il mourut l'an

1100, et y laissa pour successeur son frère Baudouin, qui prit le titre de roi.

Rodolphe est contre Henri pour le pape et l'église.
Par Guiscard et Roger la Sicile est conquise.

237. *Pourquoi Rodolphe, duc de Souabe, fut-il choisi empereur, l'an* 1077? Pour soutenir le parti du pape Grégoire VII contre les projets de l'empereur Henri IV; mais Rodolphe fut tué 3 ou 4 ans après.

238. *Qui était Grégoire VII?* C'était, dit le judicieux Fleury, « un homme vertueux, né avec « un grand courage, élevé dans la discipline mo- « nastique la plus sévère, et plein d'un zèle ar- « dent pour purger l'église des vices dont il la « voyait infectée. »

239. *Qui fut Henri IV?* Ce fut un prince qui se rendit fameux par 60 batailles et 3 couronnes, qu'il mit sur sa tête, par ses scandaleux déportemens, ses abus de pouvoir, sa mauvaise foi, et surtout par la simonie, c'est-à-dire par le trafic qu'il faisait des dignités ecclésiastiques, en vendant les archevêchés, les évêchés etc.; il procédait ensuite à l'investiture de ces dignités en remettant aux dignitaires l'anneau et la crosse, usurpant ainsi un droit qui n'appartenait qu'au saint-siège. Ce fut contre ces vices, auxquels le clergé n'était pas étranger, que s'éleva avec force et persévérance Grégoire VII, doué d'ailleurs d'un caractère impétueux et inflexible. Les suc-

cesseurs de ce pape imitèrent sa fermeté, et sauvèrent l'Europe de la barbarie.

240. *Par quel moyen la Sicile tomba-t-elle au pouvoir des seigneurs normands?* Les empereurs d'Occident et les papes, étant bien aises de chasser les Grecs et les Sarrasins de la Sicile, invitèrent Robert Guiscard et Roger, son frère, seigneurs normands, ainsi que leurs vassaux, à se rendre maîtres de cette île.

241. *Que firent les Normands, après s'être emparés de la Sicile?* Y étant devenus plus puissans que ne l'auraient voulu les papes et les empereurs, ils gardèrent pour eux-mêmes leurs conquêtes, mais comme feudataires du saint-siège. C'est ainsi que furent érigés les royaumes de Sicile et de Naples.

242. *Que devinrent Robert Guiscard et Roger, tous deux fils de Tancrède de Hauteville?* Robert Guiscard fut duc de Calabre et père de Boémond, fameux dans les croisades; Roger fut comte de Sicile, et eut pour fils Roger, qui prit ensuite le titre de roi de Sicile.

Le duché de Lorraine à Gérard est donné.
La Bohême, en ce temps, vit son duc couronné.

243. *Qui donna la haute Lorraine à Gérard, comte d'Alsace?* Ce fut l'empereur Henri IV, qui, laissant la basse Lorraine au comte de Brabant, mit Gérard en possession de la haute, c'est-à-dire de la Lorraine proprement dite.

244. *Par qui le duché de Bohême fut-il érigé*

en royaume, l'an 1086? Par l'empereur Henri IV, qui, dans les troubles de son règne, voulant s'attacher Ladislas, duc de Bohême, l'invita à la diète de l'empire, et lui donna le titre de roi, sous la dépendance de l'empire.

L'Espagne réunie avait Sanche-le-Grand;
L'Aragon eut Ramir, la Castille Fernand.

245. *Comment l'Espagne se trouva-t-elle réunie en un seul état sous le roi Sanche-le-Grand?* Sanche, qui avait déjà la Navarre et l'Aragon, hérita de la Castille par sa femme, et fit ensuite épouser à Ferdinand, son fils puîné, l'héritière du royaume de Léon.

246. *Quel partage se fit de l'Espagne, l'an* 1034? Garcias, fils aîné de Sanche, conserva le royaume de Navarre, ancien domaine de ses pères; Ramir eut le royaume d'Aragon; Fernand ou Ferdinand, qui porta comme son père le nom de Grand, eut pour sa part le royaume de Castille.

247. *Comment Ferdinand réunit-il à son royaume de Castille celui de Léon?* Ce fut par sa femme, sœur et héritière de Bermudes, dernier roi de Léon, mort sans enfans (1).

En Portugal, Henri fut comte, et son fils roi.
Du Danois l'Angleterre eut vingt-cinq ans la loi.

248. *Quel fait donna occasion à l'établisse-*

---

(1) Voyez le tableau ci-dessus, page 56 et 57.

ment du royaume de Portugal, l'an 1087? Ce fut la conquête de cet état sur les Maures, faite par Alphonse VI, roi de Castille et de Léon, assisté de Henri, fils de Robert duc de Bourgogne, auquel ce roi donna en mariage sa fille naturelle Thérèse. Henri de Bourgogne gagna sur les Maures dix-sept batailles rangées.

249. *De qui Alphonse, fils de Henri de Bourgogne, reçut-il le premier le titre de roi de Portugal?* Il le reçut de ses soldats qui le proclamèrent roi, après la célèbre victoire qu'il remporta à Ourique sur les Maures: le pape Alexandre III lui en confirma le titre, voulant récompenser les exploits de ce prince contre les infidèles.

250. *Combien de temps a régné le roi de Portugal Alphonse Ier surnommé Henriquez?* On a observé qu'il avait régné le plus long-temps de tous les souverains connus. En effet son règne fut de 73 ans, et par conséquent d'un an de plus que celui de Louis XIV en France.

251. *Comment l'Angleterre tomba-t-elle au pouvoir de Canut, roi de Danemark?* Canut, après de vives guerres, ayant obligé Edmond, dit Côte-de-Fer, roi d'Angleterre, à partager son royaume avec lui, s'empara de tout l'état, en épousant la veuve d'Edmond; il consolida sa conquête par une politique sage et généreuse, par le rétablissement des lois d'Alfred-le-Grand, si chères à la nation, et par le mariage qu'il fit contracter avec sa fille au comte Godwin, dont la popularité égalait l'illustration guerrière. Ca-

nut-le-Grand se concilia l'amour des Anglais, qui l'aidèrent à conquérir la Norwège.

252. *Qu'arriva-t-il à la mort de ce prince?* Canut, laissant en mourant 3 fils et 3 couronnes, deux de ses fils règnent successivement sur l'Angleterre, où ils font détester la domination danoise; mais leur mort prématurée laisse le trône vacant; les Anglo-Saxons reviennent au sang de leurs anciens rois et reconnaissent Alfred, frère d'Edmond-Côte-de-Fer.

Guillaume-le-Bâtard la subjuge et la tient.
De Cluni Casimir en Pologne revient.

253. *Par quelle nouvelle révolution l'Angleterre tomba-t-elle au pouvoir des Normands?* Edouard III, dit le Confesseur, frère et successeur d'Alfred, n'ayant point d'enfans, nomma dit-on, pour son héritier Guillaume-le-Bâtard, duc de Normandie, son parent, qui l'avait aidé à remonter sur le trône.

254. *Quel rival avait en Angleterre Guillaume, duc de Normandie?* Il avait le comte Harold, qui, se portant pour héritier de sa mère Tire, et s'appuyant d'un parti considérable, prétendait à la royauté.

255. *Que fit Guillaume, l'an* 1066? Il passa en Angleterre, avec une flotte nombreuse, pour prendre possession de cet état.

256. *Quel ordre donna Guillaume à ses troupes, dès qu'elles furent débarquées?* Celui de brûler

tous leurs vaisseaux; puis il dit à son armée, en lui montrant l'Angleterre: «Voilà votre patrie.»

257. *Quelle bataille décida du sort de Guillaume et du comte Harold?* Ce fut celle d'Hastings, où Harold fut tué avec ses deux frères et 50,000 Anglais. Elle valut à Guillaume le titre de *Conquérant*.

258. *Que fit le prince de Pologne, Casimir Ier, vers l'an* 1034? Fuyant les troubles qui agitaient son pays, il vint à Cluni prendre l'habit monastique et les ordres sacrés, à dessein d'y finir ses jours dans la retraite.

259. *Pourquoi Casimir Ier quitta-t-il Cluni, pour repasser en Pologne?* Les Polonais, indignés de la conduite de sa mère, puis de celle d'Uradislas, duc de Bohême, qui s'étaient emparés l'un après l'autre du gouvernement de la Pologne, engagèrent le pape à faire sortir du cloître Casimir, quoique diacre, pour prendre la dignité royale et se marier.

260. *Quelles prières le pape Damas II établit-il dans l'église, l'an* 1048? Il établit les prières solennelles pour les morts, le lendemain de la Toussaint; saint Odilon les avait déjà instituées plusieurs années auparavant dans son abbaye de Cluni.

261. *Qui fonda l'ordre des Chartreux, vers l'an* 1084? Ce fut saint Bruno, qui, pour se livrer à la prière, au travail et à la pénitence s'était retiré avec ses compagnons au milieu des mon-

tagnes du Dauphiné près de Grenoble, dans un endroit appelé Chartreuse et entouré de rochers presque inaccessibles et de précipices affreux.

XIIe SIÈCLE DE L'ÈRE CHRÉTIENNE.

DEPUIS L'AN 1100 JUSQU'A L'AN 1200.

Au douze, en Orient, six Grecs se succédèrent,
Et sept princes germains en Occident régnèrent.

262. *Quels furent les six princes grecs qui, dans le* 12e *siècle, montèrent sur le trône d'Orient?* Ce furent : *Alexis Comnène; Jean Comnène; Manuel Comnène, Alexis II, Comnène II; Andronic*, surnommé le Bourreau, à cause de sa férocité; *Isaac l'Ange, Alexis III l'Ange*, qui, conspirant contre son frère Isaac, le fit enfermer dans une prison après lui avoir fait crever les yeux.

263. *Que fit Jean Comnène, monté sur le trône l'an* 1118, *et époux de la princesse Irène de Hongrie?* Il refusa de se laisser couper la main blessée par une flèche empoisonnée, disant qu'il n'avait pas trop de deux mains pour tenir les rênes de son empire. Le règne glorieux de ce prince, qui fut de 24 ans, fit oublier celui d'Alexis, homme lâche et avare.

264. *Quel fut le caractère de Manuel Comnène, monté sur le trône l'an* 1143? Ce prince ne fut célèbre que par ses perfidies et ses atrocités; il porta sa haine et sa jalousie contre les croisés jusqu'à faire empoisonner les farines des

armées combinées de Conrad son beau-frère et du roi de France Louis-le-Jeune. Il alla même jusqu'à livrer, par de faux guides, ces deux princes entre les mains de leurs ennemis.

265. *Comment se conduisit Isaac l'Ange envers Andronic-le-Bourreau, qui avait fait étrangler Alexis Comnène II pour s'emparer du trône?* Il le traita de la manière la plus indigne, en le faisant, dit-on, promener dans Constantinople sur un chameau galeux, le visage tourné vers la queue, un œil crevé; tandis que la populace lui crachait au visage, et l'accablait de pierres; après ce traitement, Andronic fut pendu, et fut le dernier empereur de la famille des Comnène.

266. *Quels furent les sept empereurs allemands qui régnèrent en Occident dans le 12e siècle?* Ce furent Henri V le Jeune; Lothaire de Supplembourg; Conrad III, duc de Franconie; Frédéric Barberousse; Henri VI, nommé le Sévère, à cause des cruautés qu'il commit dans les royaumes de Naples et de Sicile; Philippe de Souabe, et Othon IV, de la maison de Brunswick. (1)

267. *Que rapporte-t-on de Conrad III, duc de Franconie, qui, à la sollicitation de saint Bernard, fit dans la Terre-Sainte, avec le roi de France Louis VII, une expédition très malheureuse?* On dit que ce prince, dans la guerre qu'il fit en Souabe, étant sur le point de pren-

(1) Voir les tableaux à la fin de ce volum .

dre la ville de Weinsberg, où s'était retiré le duc de Wirtemberg, qui ne voulait pas le reconnaître pour roi de Germanie, ordonna de faire prisonniers tous les hommes, et de donner la liberté aux femmes, en leur permettant d'emporter ce qu'elles avaient de plus précieux ; elles prirent alors leurs maris sur leur dos, leurs enfans sous leurs bras, et sortirent de la place chargées de ces fardeaux, bien précieux pour des épouses et des mères. La duchesse de Wirtemberg marchait à leur tête, portant le duc son mari. L'empereur ne put tenir contre un spectacle si touchant, et, cédant à l'admiration qu'il lui causait, il fit grâce aux hommes en faveur des femmes, qui donnèrent dans cette circonstance un bel exemple d'amour conjugal.

268. *Que remarque-t-on à l'égard d'Henri V?* Ce fils dénaturé fit subir à son père Henri IV, les mêmes traitemens que les fils de Louis-le-Débonnaire avaient fait subir à leur père : il ajouta la menace de lui ôter la vie s'il ne résignait l'empire. Réfugié à Liège, Henri IV y mourut dans l'indigence au moment où son fils venait pour forcer cette ville ; afin d'obtenir leur grâce du jeune empereur, les Liégeois furent obligés de déterrer le corps de l'empereur Henri IV qui fut transporté à Spire dans un sépulcre de pierre, où il resta deux ans sans être inhumé.

269. *Que raconte-t-on de Frédéric Barberousse?* On dit qu'il fit raser Milan pour se ven-

ger de l'insulte que les habitans de cette ville avaient faite à sa femme en la promenant sur une ânesse : menaçant d'envahir l'Italie, il trouve dans les pontifes romains de redoutables adversaires. Une association de villes guelfes se forme dans la Vénétie pour l'affranchissement de l'Italie, elles mettent à leur tête le pape Alexandre III, surnommé le *propugnator* (1) *de la liberté italienne*, et bâtissent en son honneur la ville d'Alexandrie. Le parti guelfe triompha sous les auspices du saint-siège. Frédéric fut forcé de reconnaître, par le traité de Constance, l'indépendance des villes du nord de l'Italie. Il ne s'en réserva que la haute suzeraineté.

270. *Que fit Othon IV de Brunswick, après la mort de Philippe de Souabe son collègue?* Etant resté seul possesseur de l'empire, il fit alliance avec les Anglais, et perdit la bataille de Bouvines contre le roi de France Philippe-Auguste.

Gui Lusignan, de Cypre, en douze, eut la couronne.
Henri dit le Lion perd ses états qu'on donne
A Bernard d'Ascanie, à Vitelspach Othon.
Brunswick et Lunebourg sous Henri-le-Lion.

271. *Par quel moyen Gui de Lusignan eut-il la couronne de Cypre?* Il l'acheta de Richard, roi d'Angleterre, qui, de retour de la croisade, avait pris cette île sur les Sarrasins, et qui en échange reçut de lui le titre de roi de Jérusalem.

(1) Défenseur, soutien.

272. *Quels états possédait en Allemagne, avant l'an* 1180, *Henri-le-Lion, duc de Saxe et de Bavière?* Il avait étendu sa domination depuis l'Elbe jusqu'au Rhin, et depuis la mer Baltique jusqu'aux frontières de l'Italie.

273. *Par qui Henri-le-Lion fut-il dépouillé de ses états, l'an* 1180? Par l'empereur Frédéric Barberousse, qui, jaloux de la puissance de Henri son cousin, le déclara d'abord criminel de lèse-majesté, et ensuite, sous divers prétextes, le dépouilla de la souveraineté.

274. *A qui Frédéric Barberousse donna-t-il les états d'Henri-le-Lion?* Il donna la Saxe à Bernard d'Ascanie, souche des maisons de Saxe Lawenbourg et d'Anhalt; et la Bavière à Othon Vitelspach, chef des comtes palatins, des ducs, et rois de Bavière.

275. *Que devint Henri-le-Lion, chassé de ses états?* S'étant réfugié chez le roi d'Angleterre, son beau-père, il obtint, par sa médiation, les états de Brunswick et de Lunebourg.

Barberousse expia sa faute en Orient,
Quand son fils Henri six règne à Naple en tyran.

276. *Quels furent les chefs de la 3e croisade?* Ce furent Frédéric Barberousse, Philippe-Auguste, roi de France, et Richard Cœur-de-Lion, roi d'Angleterre.

277. *Quels exploits Frédéric Barberousse fit-il en Orient, l'an* 1189? Il s'opposa aux progrès

de Saladin qui avait repris Jérusalem, remporta sur les Turcs deux grandes victoires, et pénétra jusqu'en Syrie.

278. *Où mourut Frédéric Barberousse, l'an* 1190? Il mourut près de Tarse en Cilicie, pour s'être baigné dans les eaux du Cydnus, où l'on assure qu'Alexandre-le-Grand avait aussi manqué de trouver la mort.

279. *Quelles acquisitions fit Henri VI, fils de Frédéric Barberousse?* Il acquit le royaume de Naples et de Sicile en épousant Constance, fille posthume de Roger I.

280. *Comment régna Henri VI?* Il se livra aux plus grands excès pour établir sa domination dans les deux Siciles, et exigea des sommes excessives pour la rançon de Richard Cœur-de-Lion, roi d'Angleterre, devenu son prisonnier par une perfidie.

Quatre états dans l'Espagne unis sont partagés.
Sous Étienne de Blois les Anglais sont rangés;
Puis sous Henri d'Anjou, dont le fils fut puissant.
La Suède a la Gothie quand Eric est mourant.

281. *Quel fut le roi sous lequel les quatre royaumes chrétiens de l'Espagne se trouvèrent réunis en un seul, l'an* 1104? Ce fut Alphonse-le-Batailleur, qui se trouva roi d'Aragon par ses ancêtres; de la Navarre, par son père, qui en avait fait la conquête; de la Castille et de Léon, par sa femme Urraque.

282. *Comment les quatre états d'Alphonse-le-*

Batailleur furent-ils partagés en deux? Ce roi, ayant répudié sa femme Urraque, irrita tellement les Castillans qu'ils l'obligèrent à céder les deux états de Castille et de Léon à Alphonse VII, fils d'Urraque et de son premier mari Raymon de Bourgogne.

283. *Entre qui les deux états de Navarre et d'Aragon furent-ils partagés?* Après qu'Alphonse-le-Batailleur fut mort sans laisser d'enfans, l'Aragon échut à son frère Ramir, dit le Moine, et la Navarre à Garcias, petit-fils de Sanche, roi de Navarre, détrôné par le roi d'Aragon.

284. *Pourquoi Ramir, 3e frère d'Alphonse-le-Batailleur, fut-il appelé le Moine, l'an* 1134? Parce qu'il l'était en effet lorsque les peuples d'Aragon, le voulant pour roi, le tirèrent du cloître, où il avait déjà pris l'ordre de prêtrise.

285. *Comment les Anglais passèrent-ils sous la domination d'Etienne de Blois, puis sous celle d'Henri d'Anjou?* Par droit d'héritage; Etienne de Blois étant petit-fils par sa mère du roi Guillaume-le-Conquérant, et Henri d'Anjou ayant pour aïeul, aussi par sa mère, le roi Henri I, fils et successeur de ce même Guillaume.

286. *Comment Henri d'Anjou, fils de Geoffroi Plantagenet, dit Henri II, roi d'Angleterre, succéda-t-il à Etienne de Blois?* Après s'être disputé long-temps ensemble le royaume d'Angleterre, il fut convenu entre eux qu'Etienne de Blois, se trouvant sans enfans mâles,

régnerait paisiblement jusqu'à sa mort, et qu'ensuite ce serait Henri II qui lui succéderait.

287. *A quel excès se porta Henri II en Angleterre contre saint Thomas, archevêque de Cantorbery, l'an* 1170? Mécontent de la fermeté avec laquelle ce prélat soutenait les droits de l'église, il témoigna à ses courtisans le desir de le perdre. Thomas, nommé Becket, fut bientôt assassiné auprès de l'autel; mais le roi ne put être absous de ce crime qu'après s'être humilié sur le tombeau de sa victime.

288. *Comment Richard, fils et successeur d'Henri II, roi d'Angleterre, se trouva-t-il un des plus puissans souverains de l'Europe?* Parce qu'il eut de son aïeul maternel Mahaud ou Matilde, l'Angleterre et la Normandie; de ses ancêtres paternels, l'Anjou, la Touraine, le Maine et le Poitou; et qu'enfin par sa mère Eléonore, femme répudiée du roi de France Louis VII, il posséda la Guyenne.

289. *Comment la Gothie fut-elle jointe à la Suède après la mort du pieux roi Eric X, tué par ses sujets rebelles?* Parce que les Suédois appelèrent sur le trône Charles, roi de Gothie, qui unit ainsi les deux royaumes en un seul, vers la fin du 12e siècle.

290. *Quel fut le fondateur de l'ordre de Fontevrault, établi sous Pascal II, l'an* 1117? Robert d'Arbrissel, qui, chargé par ce pape de prêcher les peuples, emmena un grand nombre

de fidèles de l'un et de l'autre sexe dans les bois de Fontevrault; il y fit bâtir pour les hommes et pour les femmes des lieux de retraite séparés, et il institua l'abbaye de Fontevrault, dont l'abbesse fut dès-lors générale de l'ordre entier, et supérieure des religieux.

291. *Quel fut l'attachement singulier d'Abeilard pour Héloïse, devenue ensuite religieuse?* Abeilard, homme instruit, avait été instituteur d'Héloïse, nièce d'un chanoine de Notre-Dame de Paris. Ayant conçu l'un pour l'autre une vive inclination, et n'ayant pu se marier, d'après les préjugés de leur siècle, ils embrassèrent tous les deux la vie religieuse. Abeilard conserva toujours le souvenir d'Héloïse dans le monastère où il se retira pour mener une vie pieuse, et d'où il entretint avec elle, jusqu'à sa mort, un commerce de lettres pleines à-la-fois de tendresse et de piété. Leurs cendres furent renfermées dans le même tombeau, l'an 1142, au monastère du Paraclet, près de Nogent-sur-Seine. Ce tombeau a été transporté au cimetière du Père-La-Chaise, à Paris, où il se voit aujourd'hui.

292. *Quels ordres religieux et militaires prirent naissance en Orient durant les croisades?* Ce fut 1° l'ordre des chevaliers de Saint-Jean de Jérusalem, depuis appelé ordre de Malte qui est le plus distingué de tous; 2° l'ordre des Templiers; 3° l'ordre des chevaliers Teutoniques.

293. *Pourquoi ces ordres avaient-ils été établis?*

Ils avaient été établis pour servir à défendre les nouveaux établissemens des chrétiens en Orient; pour protéger les pélerins qui se rendaient en foule à Jérusalem, et prendre soin de ceux qui y tombaient malades.

294. *Faites, en peu de mots, l'historique de l'ordre de Saint-Jean de Jérusalem?* On place le berceau de cet ordre dans des temps antérieurs aux croisades. Gérard de Martignes en Provence, qui était administrateur d'un hôpital pour les pélerins pauvres et les malades, lors de l'arrivée des premiers croisés, prit, vers l'an 1100, l'habit régulier avec ses confrères et forma une congrégation sous le nom et la protection de saint Jean-Baptiste. Le pape Pascal II approuva cet ordre en 1113. L'ordre de Saint-Jean de Jérusalem était divisé en trois classes: La première comprenait les nobles; ils étaient appelés chevaliers de la Justice, et destinés à la profession des armes, à faire la guerre aux infidèles, et à protéger les pélerins; la deuxième comprenait les prêtres et les chapelains; la troisième était formée des frères servans; leur tâche était de soigner les pélerins malades et de servir à la guerre.

295. *Dans la suite, que devinrent ces chevaliers après la perte totale de la terre sainte?* Ils s'établirent d'abord dans l'île de Cypre, ensuite dans celle de Rhodes, d'où, après des prodiges de valeur, ils furent chassés par Soliman le Grand, en 1522. L'empereur Charles-Quint leur donna en 1530, l'île de Malte, où ils continuèrent à lutter

avec avantage contre les infidèles jusqu'en 1798.

296. *Quels étaient les insignes de ces chevaliers?* Ils portaient sur un habit noir une croix blanche octogone.

297. *Quels furent les fondateurs de l'ordre des Templiers*, en 1119? Ce furent, entre autres, Hugues de Payens et Geofroi de Saint-Omère, gentilshommes français. Le pape Henri II leur donna en 1128 une constitution et un costume qui consistait en un habit blanc sur lequel ils portaient une croix de drap rouge.

298. *Quel était le but de leur institution?* Ces chevaliers étaient particulièrement chargés de tenir les passages et les chemins libres aux pèlerins qui allaient en terre sainte ou qui en revenaient. Beaudoin, roi de Jérusalem, leur ayant assigné un logement dans son palais, près du Temple, ils furent appelés *chevaliers du Temple* ou *Templiers*.

299. *Que devint cet ordre?* Après la perte de l'Orient, cet ordre, de retour en Europe, y acquit des biens immenses et surtout en France, et y joua un grand rôle pendant environ deux siècles. Mais en 1314, il fut supprimé et totalement anéanti aux pressantes sollicitations de Philippe-le-Bel, qui fit valoir des motifs contestés par quelques historiens. Le dernier grand-maître, Jacques Molay, fut, avec ses compagnons, brûlé à Paris dans une île de la Seine où est aujourd'hui la statue de Henri IV.

300. *Quel fut l'origine de l'ordre des chevaliers Teutoniques?* Cet ordre dut son origine à plusieurs gentilshommes allemands qui firent bâtir à Jérusalem un hôpital pour les pélerins pauvres ou malades de leur nation, au service desquels il se vouèrent par des vœux solennels; à ces vœux ils ajoutèrent celui de combattre les infidèles et adoptèrent presque en tout, la forme et la règle des Templiers. Cet ordre, d'abord connu sous le nom de : *ordre de Sainte-Marie des Teutoniques de Jérusalem*, ne se mit bien en évidence qu'au siège de Saint-Jean-d'Acre ou Ptolémaïs, en 1190. Le pape Célestin III confirma cet ordre en 1191. En 1230, les chevaliers Teutoniques passèrent en Prusse dont ils firent la conquête sur les naturels du pays qui étaient encore plongés dans les ténèbres de l'idolâtrie. Ils contribuèrent beaucoup à la conversion des peuples du nord en soutenant les missionnaires qui y portèrent le flambeau de la foi et de la civilisation. Marimbourg fut le chef-lieu de cet ordre jusqu'en 1525. Son grand-maître, Albert de Brandebourg, ayant alors changé de croyance et embrassé les erreurs de Luther, les chevaliers Teutoniques, restés fidèles à la foi de leurs pères et à leurs sermens, transportèrent leur résidence à Mergentheim en Franconie.

301. *Quel est leur costume?* Ils portent un habit blanc sur lequel est une croix de drap noir.

302. *Quels ordres religieux furent institués en Espagne à l'occasion des guerres contre les mahométans?* Ce furent les ordres religieux et mi-

litaires, 1° de Calatrava fondé en 1158 par Sanche III, roi de Castille, et qui portait pour marque distinctive une croix rouge en forme de lys; 2° l'ordre de Saint-Jacques-de-Compostelle que fonda, en 1170, Ferdinand II, roi de Léon et qui portait une croix rouge en forme d'épée; 3° l'ordre d'Alcantara que fonda le même roi en 1176; ce dernier ordre portait une croix verte en forme de lys.

XIIIe SIÈCLE DE L'ÈRE CHRÉTIENNE.

DEPUIS L'AN 1200 JUSQU'A L'AN 1300.

Au treize, cinq Français, deux Grecs en Orient.
A huit divers Césars est soumis l'Occident.
La boussole à la main, sur des mers plus lointaines,
Le nautonier suivit des routes plus certaines.
Un roi français mourut sous les murs de Tunis,
Et des derniers croisés le chef fut saint Louis.

303. *Quels furent les cinq princes Latins ou Français de la communion romaine qui régnèrent sur l'empire grec, durant le 13° siècle?* Ce furent *Baudouin I*, comte de Flandre, élu par les princes croisés l'an 1204; *Henri*, frère de Baudouin I; *Pierre de Courtenai*, comte d'Auxerre; *Robert de Courtenai* et *Baudoin II*, qui, l'an 1258, fut chassé de Constantinople par *Michel Paléologue*, déjà maître du petit empire de Bithynie, dont la capitale était Nicée et où avaient régné les *Lascaris*.

304. *A quelle occasion les princes latins s'é-*

tablirent-ils à Constantinople? La quatrième croisade ayant été prêchée par *Foulque*, curé de Neuilly et résolue, le jeune *Alexis l'Ange* vint implorer la protection des croisées en faveur de l'empereur *Isaac* son père, mis en prison par un membre de la même famille. Les croisés prennent d'assaut Constantinople et la livrent au pillage. Les vainqueurs se partagent ensuite l'empire. *Baudoin*, comte de Flandre est élevé à la dignité impériale; *Boniface*, marquis de Mont-Ferrat est fait roi de Thessalie; les *Vénitiens* se mettent en possession de Candie et des îles de la mer Ionienne; *Thomas Lascaris* établit un empire grec à Nicée, *Alexis Comnène* en établit aussi un à Trébizonde, qui fut de plus longue durée; *Michel Comnène* fut prince d'Epire et *Léon Sgure* le fut d'Argos.

305. *Quels furent les deux empereurs grecs qui, dans le 13e siècle, succédèrent dans Constantinople aux cinq empereurs latins?* Ce furent *Michel Paléologue*, qui se fit couronner empereur d'Orient par le patriarche de Constantinople, l'an 1259, et *Andronic II Paléologue*, dont le règne fut remarquable par l'invasion des Turcs ou Musulmans dans l'empire, l'an 1293.

306. *Quels furent les huit empereurs d'Occident dans le 13e siècle?* Ce furent Frédéric II, quatre compétiteurs élus à la sollicitation des papes, et ensuite Rodolphe de Habsbourg, Adolphe de Nassau, et Albert d'Autriche. (1)

---

(1) Voir le tableau de cette maison à la fin du volume.

307. *Que fit Frédéric II après avoir été élevé à l'empire par le pape Innocent II, à la place d'Othon IV?* Frappé d'excommunication peu de temps après par ce pontife, parce qu'il violait ses engagemens, il ravagea les terres de l'église avec les mêmes troupes qu'il avait levées pour aller dans la Terre-Sainte contre les infidèles.

308. *Que produisirent les dissensions entre Frédéric II et les papes?* Elles occasionèrent, dit-on, en Italie deux grandes factions, connues sous les noms de *Guelfes* et de *Gibelins*; les premiers pour le pape, et les seconds pour l'empereur.

309. *Quel fut le motif des grands démêlés que Frédéric eut avec la cour de Rome?* Ce fut le dessein qu'il avait d'établir en Italie le trône des nouveaux Césars ou du moins, la volonté d'y régner sans bornes et sans partage. C'est, dit l'auteur de la *Henriade* « le nœud secret de toutes « les querelles qu'il eut avec les papes; il employa « tour-à-tour la souplesse et la violence; le saint- « siège le combattit avec les mêmes armes. Les « Guelfes, ces partisans de la papauté et encore « plus de la liberté italienne, balancèrent tou- « jours le pouvoir des Gibelins, partisans de « l'empire. Les divisions entre Frédéric et le « saint-siège n'eurent jamais la religion pour « objet. » (1)

310. *Quels furent les quatre compétiteurs à*

(1) *Essai sur l'histoire générale*, tome II, chap. II.

l'empire, élus à la sollicitation des papes pour exclure Frédéric II et son fils? Ce furent *Henri*, landgrave de Hesse ou de Thuringe, 1245; son successeur *Guillaume*, comte de Thuringe, 1247; *Richard*, fils puîné de Jean-sans-Terre, roi d'Angleterre; et *Alphonse*, roi de Castille, surnommé l'Astrologue, élus tous deux par différens électeurs en la même année.

311. *Que raconte-t-on au sujet d'Alphonse, roi de Castille, savant dans l'astronomie?* On raconte que s'étant fait faire, d'après le système de Ptolémée, une sphère pour s'expliquer tous les mouvemens des astres et leurs apparences, il trouva l'organisation de l'univers si compliquée, qu'il s'écria : « Que n'étais-je là quand Dieu créa le monde! je lui aurais bien conseillé d'arranger tout cela d'une manière beaucoup plus simple. »

312. *Pourquoi l'empereur Rodolphe, comte de Hapsbourg en Suisse, passe-t-il pour être la souche ou le chef de la maison d'Autriche?* Parce qu'il s'empara du marquisat d'Autriche sur *Otocare*, roi de Bohême, qui y prétendait; et il en donna l'investiture à son propre fils Albert.

313. *Par quel moyen Charles d'Anjou, frère de saint Louis, roi de France, devint-il roi en Italie, l'an* 265? Ayant été investi du royaume de Sicile et de Naples par le pape Urbain IV, il fit la guerre à *Mainfroy*, usurpateur de ce royaume, le vainquit, et le tua dans les plaines de Bénévent.

314. *Après ses victoires sur Mainfroy, quel autre ennemi Charles d'Anjou eut-il à combattre?* Il eut à combattre *Conradin*, duc de Souabe, qui, aidé de *Frédéric d'Autriche*, était venu en Italie pour y recouvrer l'héritage de ses aïeux.

315. *Que fit, l'an* 1253, *Robert Sorbon, aumônier et confesseur du roi saint Louis?* Né d'une famille obscure dans le diocèse de Reims, et réfléchissant sur les peines qu'il avait eues pour se faire recevoir docteur, il résolut de faciliter aux écoliers pauvres les moyens de parvenir aux grades en théologie; et avec le secours de ses amis il fonda dans l'université de Paris la maison de *Sorbonne*, devenue si célèbre depuis par les savans théologiens qu'elle a formés, que Bossuet l'appelait : *le concile permanent des Gaules.*

316. *Quel fut le sort d'Adolphe de Nassau, nommé empereur l'an* 1292? Malgré sa valeur, il fut méprisé des Allemands à cause de sa pauvreté, et fut tué dans une bataille près de Spire, par Albert d'Autriche, au préjudice duquel il avait occupé l'empire.

317. *Pour quelles causes ne fit-on plus de croisades depuis saint Louis?* Les mauvais succès des croisés, malgré les grands efforts de ce monarque français, la peste qui s'était mise dans son armée, à Tunis où il mourut, et la prise des villes de Tyr et d'Acre, par les infidèles, mirent les chevaliers chrétiens hors d'état de poursuivre leur entreprise.

318. *Quel fut en général le résultat des croisades?* Ce résultat peut être considéré sous six rapports différens; elles exercèrent une influence marquée : 1° sur l'Europe, 2° sur l'église, 3° sur la politique, 4° sur la navigation, 5° sur les lumières.

319. 1° *Quelle influence exercèrent-elles sur l'Europe?* L'influence qu'elles exercèrent sur l'Europe fut immédiate; elles la sauvèrent de l'invasion des Turcs, comme Charles Martel, Pépin-le-Bref et les rois d'Espagne l'avaient sauvée de celle des Maures ou Sarrasins, quatre siècles auparavant.

320. 2° *Quelle fut l'influence des croisades sur l'église?* Elles firent rentrer sous la suprématie des papes, les patriarches de Jérusalem et d'Antioche; et resserrèrent les liens de la hiérarchie.

321. 3° *Sur quoi s'exerça l'influence politique?* Cette influence s'exerça : 1° sur les princes qui tous, excepté les empereurs, trouvèrent dans les croisades des moyens d'agrandir leurs domaines et de fortifier leur autorité contre la féodalité; 2° sur la noblesse, qui y perdit à la vérité en puissance et en richesse; mais qui y gagna beaucoup en illustration et en distinctions honorifiques; les *armoiries* devinrent nécessaires, et les noms de famille prirent naissance; 3° sur le peuple; rien ne favorisa autant que les croisades, les affranchissemens, l'établissement des communes et par suite, la formation du tiers-état.

322. 4° *Que produisirent-elles sur la navigation et l'industrie?* L'art nautique fit des progrès

importans, dus à la fréquence des voyages, aux profits qu'on en retirait, et aux pratiques empruntées des pilotes levantins. En ouvrant une plus vaste carrière aux spéculations, et en facilitant les échanges, la navigation fit participer le commerce aux avantages qu'elle retirait elle-même des expéditions d'outre-mer. Des produits de l'art et de la nature jusqu'alors inconnus en Occident y apportèrent de nouvelles jouissances et de nouvelles industries. L'agriculture s'enrichit de quelques nouvelles cultures. Le mûrier, le blé dit de Turquie, la canne à sucre, etc. furent apportés en Europe pour servir à la nourriture du pauvre ou aux besoins du riche.

323. 5° *Que firent-elles pour les lumières ?* Les croisades avancèrent la civilisation générale par les relations nouvelles des peuples entre eux, et l'échange mutuel des connaissances. L'architecture, la poésie prirent un caractère particulier; les langues commencèrent à sortir de leur barbarie par l'usage qu'en firent les troubadours. Des idées d'honneur et de courtoisie passèrent de la chevalerie dans les mœurs publiques et ennoblirent en quelque sorte la classe des affranchis qui devaient en grande partie aux croisades leurs richesses et leur liberté.

324. *Quelles acquisitions fit Albert d'Autriche, nommé empereur l'an* 1298 ? Il obtint le royaume de Bohême pour son fils Rodolphe; mais il ne voulut point accepter le royaume de France que lui offrait le pape Boniface VIII.

En Sicile, où régna Pierre l'Aragonais,
Aux vêpres un carnage est fait de tout Français.

325. *Quel massacre des Français se fit en Sicile le jour de Pâques* 1282, *au son de la cloche des Vêpres?* Par l'intrigue d'un nommé Procida, émissaire, dit-on, de Pierre d'Aragon, tous les Français de Sicile, au nombre de 8000, y furent massacrés les uns dans les églises, les autres dans les places publiques, ou dans leurs maisons. Un seul échappa : ce fut Pierre de Pourcelet.

326. *Comment Pierre d'Aragon, parvint-il au royaume de Sicile, l'an* 1293? Ayant des prétentions sur ces états du chef de sa femme Constance, fille de Mainfroy, il réussit à faire prisonnier, dans un combat naval, Charles-le-Boiteux, fils de Charles d'Anjou.

Baléares, Valence acquis à l'Aragon.
Pour toujours saint Fernand joint Castille et Léon.

327. *Par quel moyen les rois d'Aragon eurent-ils les îles Baléares?* Ces îles, ainsi que le royaume de Valence, passèrent au pouvoir des rois d'Aragon par la valeur du roi Pierre d'Aragon, qui en fit la conquête sur les Maures.

328. *Comment Fernand ou Ferdinand III, depuis canonisé, réunit-il en sa personne le royaume de Castille et celui de Léon, séparé depuis près de* 100 *ans?* Il eut la Castille en 1217,

par l'abdication volontaire de sa mère la reine Bérengère, sœur aînée de Blanche, mère de saint Louis; et le royaume de Léon en 1230, par la mort de son père Alphonse IX.

La Navarre aux maisons de Champagne et de France. Jean Sans-Terre assassin quand le siècle commence.

329. *Par quelles alliances la Navarre passa-t-elle d'abord à la maison de Champagne, et ensuite à celle de France?* Elle vint à Thibaut II, comte de Champagne, par sa mère Blanche de Navarre, et passa ensuite à la France par le mariage du roi Philippe-le-Bel avec Jeanne de Champagne, héritière de la Navarre.

330. *Comment Jean Sans-Terre, roi d'Angleterre, et quatrième fils d'Henri II, se rendit-il coupable d'assassinat, l'an* 1202? Il enferma dans la tour de Rouen Arthur de Bretagne, son neveu, à qui cette province appartenait, et le poignarda, dit-on, de sa propre main.

331. *Quelles furent les suites de l'assassinat commis par Jean Sans-Terre?* Comme il refusait de comparaître à la cour des pairs de France, où il était appelé à ce sujet en sa qualité de vassal, on confisqua sur lui la Normandie, la Guyenne, le Poitou; et il fut contraint de se retirer en Angleterre au milieu de ses sujets, qui le méprisaient.

332. *Pourquoi le règne de Jean Sans-Terre fait-il une grande époque parmi les Anglais?*

Parce qu'il signa deux actes, dont le premier fut nommé la *grande charte*, et le second la *charte des forêts*; ces deux actes furent le fondement de la liberté anglicane, et affaiblirent le pouvoir du monarque, regardé depuis comme le premier magistrat d'un peuple libre.

333. *Quels ordres religieux furent établis successivement dans le* 13e *siècle?* On vit paraître, dans l'an 1210, l'ordre des *Franciscains*, fondé par saint François d'Assises en 1216; celui des *Frères Prêcheurs*, fondé par saint Dominique; celui de la *Trinité*, fondé par saint Jean de Matha et par saint Félix de Valois, dont les religieux s'astreignaient, par un vœu spécial, à racheter les chrétiens captifs chez les infidèles, ce que firent dans la suite les pères de la Merci en Espagne; l'ordre des *Carmes*, auxquels Albert, patriarche de Jérusalem donna la règle de saint Bazile; et les *Servites*, établis par saint Philippe Beniti.

334. *Quels usages furent établis dans l'église au* 13e *siècle?* Les cardinaux prirent, pour la première fois, le chapeau rouge au concile de Lyon, l'an 1245; le pape Urbain IV, l'an 1264, établit la solennité du saint sacrement, dite la *Fête-Dieu*, en l'honneur du saint sacrement de l'eucharistie, pour laquelle saint Thomas d'Aquin composa l'office.

335. *Quelle invention utile fut connue vers la fin du* 13e *siècle?* L'usage de la boussole, par laquelle on a dirigé depuis la route des vaisseaux

sur mer sans l'inspection des astres, qui avaient été jusqu'alors le seul moyen connu.

336. *Quel grand conquérant parut en Asie dans le* 13e *siècle*? Ce fut le fameux *Gengishkan*, chef tartare, qui jeta les fondemens du grand empire des Mongols et des Tartares; ses fils achevèrent de conquérir la Chine, la Perse, l'Asie-Mineure, la Russie, et ravagèrent jusqu'à la Hongrie et la Bohême.

337. *Quels furent les établissemens qui se formèrent dans le* 12e *et surtout dans le* 13e *siècle*? A l'exemple des villes de l'Italie, telles que Venise, Gênes, Pise, etc., qui s'étaient emparées du commerce de la Méditerranée, à l'occasion des croisades, les villes du nord, telles que Hambourg, Lubeck, formèrent, vers 1241, leur première association de commerce, devenue très puissante depuis, sous le nom de *ligue anséatique*. La base du commerce de ces villes consistait dans l'échange des productions du nord, contre les épiceries de l'Orient, et les articles des manufactures de l'Italie et des Pays-Bas. Cette ligue, protégée par les chevaliers Teutoniques, purgea la mer Baltique des pirates qui l'infestaient et s'en attribuaient le commerce exclusif. Elle était parvenue à un état très florissant vers l'an 1370; à cette époque elle se composait de 64 villes divisées en quatre quartiers, savoir: le *quartier du Rhin* dont le chef-lieu était Cologne; le *quartier Saxon*, chef-lieu Brunswick; le *quartier Vandale*, chef-lieu Lubeck et le *quar-*

tier Teutonique, chef-lieu Dantzic. Cette ligue s'étendit dans le nord au point qu'elle avait ses principaux comptoirs à Londres pour l'Angleterre; à Bruges pour la Flandre; à Bergen pour la Norwège; et à Novogorod pour la Russie. Les assemblées générales de la ligue se tenaient tous les ans à Lubeck; chaque quartier tous les ans avait son assemblée particulière dans son chef-lieu. Bruges était comme l'entrepôt principal des productions du nord et du midi; la Belgique fournissait une grande partie de l'Europe du produit de ses nombreuses manufactures.

338. *Vers quel temps a-t-on fait usage en Europe des armes à feu?* Les auteurs sont peu d'accord sur une époque précise au sujet de cet usage qui nous vient des Maures ou Arabes d'Espagne. Royer-Bacon, célèbre moine franciscain anglais, mort vers 1294, connaissait la poudre et l'emploi qu'on en fait dans les feux d'artifice.

L'emploi de la poudre, comme agent pour lancer des boulets, des bombes et des pierres, doit être fixé vers le commencement du 14e siècle. On l'employa dans les mines vers la fin du 15e siècle et vers le commencement parut l'usage des mousquets et des fusils qui furent sans ressorts jusqu'en 1517. Ce fut à Nuremberg qu'on vit les premiers fusils à ressorts.

339. *Qu'appelle-t-on en Espagne Las Partidas?* On appelle de ce nom la collection de lois qu'Alphonse X, roi de Castille, fit faire vers 1250; il fit rassembler en un seul corpsd e loi

toutes les coutumes provinciales de l'Espagne.

340. *Comment Amédée V, comte de Savoie, mort en 1323, se rendit-il célèbre?* Ce prince, qui fut l'un des ornemens de sa race, eut beaucoup de guerres à soutenir; il les termina toutes avec honneur et avantage, et assista à 32 sièges; le plus remarquable fut celui de Rhodes, qu'il fit lever aux Turcs, alors tout puissans; il en rapporta la devise de Savoie: F. E. R. T. (*Fortitudo Ejus Rhodum Tenuit*).

Son bras victorieux abattit le croissant;
Sur les murs rhodiens brilla la croix d'argent. (1)

XIVe SIÈCLE DE L'ÈRE CHRÉTIENNE.

DEPUIS L'AN 1300 JUSQU'A L'AN 1400.

Le quatorzième vit quatre chefs d'Orient,
Pendant que cinq Latins gouvernent l'Occident.

341. *Quels furent les quatre princes grecs nommés empereurs d'Orient dans le 14e siècle?* Ce furent *Andronic III Paléologue*, qui contraignit son grand-père Michel à se faire moine; *Jean Catacuzène* qui, s'étant retiré du monde, écrivit assez élégamment l'histoire de son pays; *Jean Paléologue*, qui, accablé par les sultans Amurat et Bajazet son fils, mourut de chagrin; *Manuel Paléologue*, que le Turc Bajazet assiégea dans Constantinople, et qui finit ses jours dans un monastère.

(1) Les armes de Savoie sont une croix blanche ou d'argent.

342. *Quels furent les cinq empereurs qui eurent le sceptre d'Occident pendant le 14e siècle?* Ce furent Henri, comte de Luxembourg; Louis de Bavière; Charles IV de Luxembourg; Wenceslas; et Rupert ou Robert, comte palatin du Rhin.

Sous Tell et sous Melchtal on a vu l'Helvétie
Briser le joug honteux qui la tint asservie.

343. *A quelle occasion fut érigée la république de la Suisse, état alors dépendant de l'empereur Albert d'Autriche?* Les peuples de ce pays, irrités de la cruauté de leur gouverneur qui avait ordonné à un père, nommé Guillaume Tell, d'abattre à coups de flèches une pomme placée sur la tête de son fils, se révoltèrent contre leur prince, et se constituèrent en république en 1308.

344. *Quelle fut la fin de Henri VII, comte de Luxembourg, mort l'an 1313?* Après avoir fait vivement la guerre aux Guelfes en Italie, et surtout à Robert, roi de Naples, il mourut inopinément à Sienne.

345. *Quel ennemi eut à combattre Louis de Bavière?* Il eut d'abord pour compétiteur Frédéric d'Autriche qui avait partagé avec lui les suffrages des électeurs; mais l'ayant vaincu ensuite, il ne lui laissa que le titre de roi des Romains.

346. *En quoi le règne de Charles IV de Luxembourg fut-il célèbre?* Par la publication en 1356 de la fameuse *Bulle d'or*, contenant les lois ou droit

public de l'Empire, surtout par rapport aux électeurs et aux élections des empereurs. Cet empereur renonça à la suzeraineté des terres pontificales, nomma Galéas Visconti *vicaire perpétuel* de l'empire, en Lombardie, vendit ses droits sur plusieurs villes d'Italie et le royaume d'Arles, et confirma la cession qu'Humbert II avait faite du Dauphiné au roi de France. On lui reproche d'avoir laissé en mourant la couronne impériale ruinée et avilie; mais il se montra plus sage dans ses états héréditaires, donna de bonnes lois à la Bohême, et fonda l'université de Prague modelée sur celle de Paris.

347. *Quel fut le caractère de l'empereur Wenceslas?* Ce prince lâche, débauché et féroce, qui marchait toujours accompagné du bourreau, fit mourir Népomucène pour n'avoir pas voulu révéler la confession de la reine, et fut enfin chassé de l'empire par ses sujets.

348. *Quels obstacles rencontra Rupert en montant sur le trône impérial?* Il eut pour compétiteur Frédéric de Brunswick, assassiné dans un chemin public; et, lorsqu'il fut maître de ses états, il ne put faire tout le bien qu'il projetait, à cause du grand désordre où Wenceslas, son prédécesseur, avait laissé ses états.

Amurat, Bajazet, que Tamerlan soumit.
Plusieurs principautés en Italie on vit.

349. *Par quels exploits se rendit fameux Amurat Ier, empereur turc, l'an* 1360? Il conquit

sur les empereurs grecs la Servie, la Bulgarie, et prit un grand nombre d'autres provinces et de villes, entre autres Andrinople, dont il fit le siége de son empire, et où il organisa la milice de janissaires, ou soldats vétérans.

350. *Comment se distingua Bajazet, empereur des Turcs en* 1389, *et fils d'Amurat I*er*?* Ce prince, appelé l'Eclair à cause de la rapidité de ses conquêtes, après avoir enlevé aux chrétiens la Macédoine, la Thessalie et presque toutes les provinces asiatiques, assiégea Constantinople et rendit l'empereur Manuel Paléologue son tributaire et son vassal.

351. *Par quelles conquêtes s'illustra le Tartare Tamerlan?* Il subjugua toute l'ancienne Perse jusqu'à Bagdad, s'ouvrit le passage des Indes, s'empara de Delhy, qui en était la capitale, et passant ensuite en Syrie, il se rendit maître de Damas.

352. *Que fit Tamerlan en faveur de l'empereur grec Manuel Paléologue, qui l'appelait à son secours, l'an* 1402? Il vainquit complètement Bajazet, se rendit maître de sa personne, et l'enferma dans la même cage de fer que ce sultan lui avait destinée.

353. *Que dit à ce sujet Tamerlan, qui était boiteux, à Bazajet, qui était borgne?* Le vainqueur dit à ce dernier « Dieu fait sans doute peu de cas des empires, puisqu'il les ôte à des borgnes pour les donner à des boiteux.»

354. *Comment, vers le commencement du 14e siècle, plusieurs villes et provinces d'Italie devinrent-elles des principautés?* Dans le trouble des guerres civiles excitées en Italie par l'empereur Louis de Bavière, plusieurs gouverneurs des villes et cantons, et nommément les Scaliger à Vérone, les d'Est à Ferrare, les Gonzague à Mantoue, se rendirent souverains dans leurs pays respectifs.

355. *Qui contribua à affermir dans leurs souverainetés les princes de Vérone, de Ferrare et de Mantoue?* Ce fut le pontife de Rome, en ce qu'il reconnut leur domination légitime, voulant se faire de ces princes un puissant appui contre Louis de Bavière, ennemi acharné du saint-siège.

Jeanne aux quatre maris à Naples perd la vie
Par Charles de Duras, mis à mort en Hongrie.

356. *Quels furent les 4 maris qu'eut Jeanne, reine de Sicile, princesse violente et déréglée?* Le premier fut *André*, fils du roi de Hongrie, son cousin, qu'elle fit étrangler au bout de 2 ans; le second, *Louis*, prince de Tarente, aussi son cousin; le troisième, *Jacques d'Aragon*, roi de Majorque; le quatrième, *Othon de Brunswick*. (Ainsi s'accomplit une prédiction ou plutôt une satire faite après l'évènement, et qui portait que cette princesse épouserait A, L, J, O, lettres initiales du nom de chacun de ses maris.)

357. *Quel successeur voulut se donner de son*

suivant *Jeanne, reine de Sicile, n'ayant point d'enfant?* Elle adopta pour héritier Charles de Duras, son parent; puis, révoquant cette adoption, elle nomma Louis Ier d'Anjou.

358. *Comment Charles de Duras, rejeté par la reine Jeanne, se vengea-t-il de cet affront?* S'étant rendu maître de Naples, il fit étrangler la reine Jeanne et s'empara du royaume; mais il ne le garda pas long-temps, il fut assassiné en chemin, pendant qu'il allait prendre possession de la couronne de Hongrie.

Alphonse Castillan vainc les Maures de Fez.
L'Espagne eut Transtamare et trois rois fort mauvais.

359. *Quelle victoire signalée Alphonse de Castille remporta-t-il sur les Maures dans le royaume de Fez, en Afrique, l'an* 1340? Il leur tua 200,000 hommes, et fit sur eux un butin si considérable, que le prix de l'or baissa d'un sixième en Espagne.

360. *Quels furent les 3 mauvais rois qui régnèrent en Espagne du temps de Henri Transtamare, bâtard d'Alphonse XI, roi de Castille?* Ce furent *Pierre-le-Cruel*, roi de Castille, tué par son frère Henri de Transtamare, dont l'armée était conduite par le fameux guerrier français Duguesclin; *Pierre Ier* ou don Pedro, roi de Portugal, qui tua de sa propre main les meurtriers d'Inès de Castro, qu'il avait épousée secrètement, et qu'il fit couronner après sa mort; *Charles-le-*

Mauvais, roi de Navarre, comte d'Evreux, qui, dit-on, empoisonna Charles V, roi de France.

Deux rois sont prisonniers du troisième Édouard :
Sa maison se divise. En Écosse est Stuart.

361. *Qui furent les 2 rois faits prisonniers par le fameux Edouard III, roi d'Angleterre?* Le premier fut *David Bruce*, roi d'Ecosse ; le second fut *Jean*, roi de France, pris à la bataille de Poitiers par le prince de Galles, aussi grand guerrier que l'avait été son père Edouard III, mais qui mourut avant de le remplacer sur le trône d'Angleterre.

362. *Que fit Edouard III en* 1346 ? Etant invité par les Flamands, par l'empereur et par plusieurs autres princes, à prendre le titre de roi de France, il unit, le premier, dans son écusson, la couronne de lys avec le léopard britannique. Il institua l'ordre de la Jarretière, dont la devise est : *Honni soit qui mal y pense.*

363. *De quelle manière la maison d'Edouard III commença-t-elle à décheoir de la grandeur où ce prince l'avait portée?* Ce fut par de cruelles divisions de famille, sous le règne de Richard II, son petit-fils et son successeur. Ce prince, sous prétexte de prévenir les troubles, ayant fait mourir Thomas de Glocester, enhardit par là Henri, son cousin-germain, fils du duc de Lancastre, à le chasser du trône et à y monter à sa place.

364. *Comment la maison des Stuarts, nom qui signifiait* sénéchal, *parvint-elle au trône d'Ecosse, l'an* 1370? Par le moyen de Robert Stuart, qui succéda au roi David Bruce, comme fils de sa sœur Marie Bruce, épouse de Walter Stuart, sénéchal d'Ecosse.

Jagellon, fait chrétien par Hedwig de Hongrie,
En Pologne régnant, joint la Lithuanie.

365. *Pourquoi Ladislas V, dit Jagellon, grand-duc de Lithuanie, se fit-il chrétien?* Il se fit baptiser pour épouser Hedwige, fille de Louis, roi de Hongrie, parcequ'elle l'exigea de lui.

366. *Comment Ladislas, par son mariage, joignit-il la Pologne à la Lithuanie?* Parce que les états de Pologne choisirent pour reine Hedwige, à condition que la Pologne aurait le même souverain que la Lithuanie.

Marguerite, ayant eu trois royaumes du Nord,
Pour Eric son neveu les quitte sans effort.

367. *Par quels titres Marguerite de Danemark, surnommée la Sémiramis du Nord, unit-elle dans sa personne les trois royaumes de Danemark, de Norwège et de Suède?* Elle eut le Danemark comme fille et héritière du roi Waldemar III; la Norwège et la Suède, comme femme de Haquin, qui était roi de Norwège et fils d'un roi de Suède.

368. *Que fit Marguerite après avoir gouverné ses états avec beaucoup de dignité?* Pour contenter ses sujets, elle se démit de la couronne en faveur d'Eric XIII, duc de Poméranie, son neveu.

369. *Dans quelles villes de France Clément V établit-il le saint-siège pendant son pontificat, l'an* 1309? D'abord à Poitiers, puis à Bordeaux, et enfin à Avignon, qu'il obtint de la reine Jeanne de Naples.

370. *Quelle addition fit le pape Urbain V aux ornemens pontificaux, l'an* 1367? Il ajouta une troisième couronne à la tiare, que Boniface VIII avait déjà ornée de deux.

371. *Par quelle raison Grégoire XI remit-il sa résidence et le saint-siège à Rome, l'an* 1371? Ce fut par les conseils de sainte Catherine de Sienne, religieuse de saint Dominique, et de sainte Brigitte, 70 ans après que le saint-siège eut été transféré à Avignon par Clément V.

XVe SIÈCLE DE L'ÈRE CHRÉTIENNE.

DEPUIS L'AN 1400 JUSQU'A L'AN 1500.

Siècle de la renaissance des lettres et de la civilisation des temps modernes.

Au quinzième a fini la puissance romaine;
On voit l'esprit humain agrandir son domaine.
Bajazeth dans Ancyre est pris par Tamerlan.
Scanderberg, Hunyade, arrêtent l'Ottoman.

372. *Quels furent les deux princes grecs en Orient pendant le quinzième siècle?* Ce furent 1° *Jean Paléologue*, qui craignant la dissolution de son empire, à cause des succès prodigieux des Turcs, mourut de chagrin, l'an 1448; 2° *Constantin Paléologue*, qui périt en héros, en défendant la ville de Constantinople, dont Mahomet II s'empara en 1453. La prise de cette ville mit fin à l'empire d'Orient fondé par le grand Constantin, 1182 ans auparavant.

Ainsi disparut pour toujours ce qui était resté des débris de la puissance romaine. Cette puissance a eu trois grandes périodes, savoir : 1° la république, depuis Romulus jusqu'à Auguste (753 ans); 2° l'empire proprement dit, jusqu'à Théodose-le-Grand (425 ans de durée); 3° l'empire d'Orient, ou le Bas-Empire.

373. *Quels furent les deux princes turcs, appelés sultans ottomans, qui régnèrent à Constantinople après la chute de l'empire grec?* Ce furent 1° *Mahomet II*, dont les puissantes armées

furent défaites en plusieurs endroits par Scanderberg, roi d'Albanie; puis à Belgrade, par le célèbre Jean Corvin, dit Hunyade, en 1456; et enfin devant Rhodes, par Pierre d'Aubusson, grand-maître des chevaliers de Saint-Jean; 2° *Bajazet II*, qui étendit ses conquêtes jusqu'aux embouchures du Danube et du Dniéper, et qui fit la guerre aux Vénitiens sous prétexte de secourir Louis Sforce, duc de Milan, l'an 1512.

374. *Malgré ses défaites, de quels pays se rendit maître Mahomet II?* Il se rendit maître de la Bosnie, de l'Albanie, de la Grèce, de la Morée et de presque toutes les îles de l'Archipel. Il mit fin aussi au petit empire grec de Trébisonde, où régnait une branche des Comnène.

375. *Quels furent les quatre princes allemands élus empereurs dans le quinzième siècle?* Ce furent Sigismond, fils de Charles IV et père de l'empereur Wenceslas; Albert II, duc d'Autriche; Frédéric III, dit le Pacifique, et Maximilien I, archiduc d'Autriche.

376. *En quoi se distingua Sigismond, élu empereur l'an* 1410? Il employa son autorité pour éteindre le schisme des papes au concile général de Constance, assemblé par ses soins; et étouffa en Bohême la révolte du fameux Hiska, disciple et vengeur de la mort de Jean Hus et de Jérôme de Prague, chef des Hussites, condamnés par le concile de Constance et livrés aux bras séculiers.

Misnie et Nuremberg sont électeurs nommés.
Aragon, puis Anjou, sont par Naple adoptés.

377. *Dans quel temps le burgrave de Nuremberg et le marquis de Misnie furent-ils créés électeurs?* L'empereur Sigismond nomma à perpétuité Frédéric, burgrave de Nuremberg, à l'électorat de Brandebourg, l'an 1417; et Frédéric, marquis de Misnie, à l'électorat de Saxe, l'an 1422.

378. *Que fit Albert II, duc d'Autriche, monté sur le trône l'an* 1438? Dans une grande diète tenue à Nuremberg, il abolit l'ancienne loi du jugement secret, connu sous le nom de tribunal de Westphalie. Par cette loi on condamnait un homme à mort sans l'avoir entendu : l'un des membres de ce redoutable tribunal exécutait la sentence quelque part qu'il trouvât le condamné.

379. *Quel fut le caractère de Frédéric III, ou selon d'autres IV, monté sur le trône l'an* 1440? Il laissa prendre l'Autriche par Mathias Corvin, roi de Hongrie, et se consola de cette perte en disant : *L'oubli des biens qu'on ne peut recouvrer est la félicité suprême.*

380. *Qu'a-t-on remarqué au sujet de l'empereur Maximilien I?* Qu'il devint grand et puissant par ses mariages; d'abord par celui qu'il contracta avec Marie, fille de Charles, dernier duc de Bourgogne, seigneur des Pays-Bas, etc., et ensuite par ses secondes noces avec Blanche, fille et héritière de Galéas Marie Sforce, duc de Milan.

381. *A quel distique latin donna lieu le bonheur qu'eurent les princes de la maison d'Autriche, d'épouser de riches héritières?* A celui-ci :

« *Bella gerant fortes; tu, felix Austria, nube:*
« *Nam quæ Mars aliis, dat tibi regna Venus.* »

« Aux guerriers laisse les combats;
« L'hymen te sert mieux que Bellone:
« A lui tu dois bien plus d'états
« Qu'à d'autres la guerre n'en donne. »

382. *Que faisait Maximilien I pour nourrir sa haine irréconciliable contre les Français?* Il relisait souvent ce qu'il appelait son *livre rouge*, et où il avait marqué tous les torts qu'il imputait à la France.

383. *Malgré l'antipathie de Maximilien I pour les Français, quelle haute idée avait-il de leur monarchie?* Il disait que, s'il était Dieu, et qu'il eut deux fils, le premier serait Dieu, et le second, roi de France.

384. *Quelle était en 1443 l'étendue des possessions du duc de Bourgogne, Philippe-le-Bon, père de Charles-le-Téméraire, et quelles furent les causes de cette étendue?* Philippe-le-Hardi ayant été créé duc de Bourgogne en 1363 par son père Jean-le-Bon, acquit par son mariage avec Marguerite de Flandre, la Flandre, l'Artois, la Franche-Comté, Rethel, Malines et Anvers; il transmit ses états à son fils Jean-Sans-Peur, et à son petit-fils, Philippe-le-Bon qui y ajouta, par achat, les comtés de Namur et de Cluny, et le duché de Luxembourg; et par hé-

ritage, les duchés de Brabant et de Limbourg en 1433. Jacqueline de Bavière, sa cousine, lui abandonna les comtés de Hainault, de Hollande, de Zélande et de Frise. Charles-le-Téméraire y ajouta le duché de Gueldre et le comté de Zutphen.

385. *Ces acquisitions étaient-elles de quelque importance?* Oui, elles étaient même d'une très grande importance, parce que les Pays-Bas, et surtout la Flandre et le Brabant, étaient alors le siège des manufactures et le principal entrepôt du commerce européen.

386. *Que devint ce duché de Bourgogne dont le possesseur pouvait marcher de pair avec les rois de son temps?* Marie de Bourgogne, fille et héritière de Charles-le-Téméraire, dernier duc de Bourgogne, ayant épousé en 1477, Maximilien I, roi des Romains, porta à la maison d'Autriche cette riche succession à l'exception du duché de Bourgogne, proprement dit, dont Louis XI se saisit comme partie inséparable de la couronne de France; ce roi aurait pu avoir tout ce bel héritage s'il avait voulu marier son fils, Charles VIII, avec celle qui en était l'unique héritière. Telle fut l'origine de la rivalité qui a existé long-temps entre l'Autriche et la France.

387. *Jusqu'où Maximilien I porta-t-il son ambition pour rétablir l'aigle impériale en Italie?* Il engagea le pape Jules II à l'accepter pour son coadjuteur dans le pontificat; il prit lui-

même quelquefois le titre de *pontifex maximus*, souverain pontife, à l'exemple des empereurs romains : il alla jusqu'à emprunter de l'argent pour acheter les voix des cardinaux.

388. *Quelle division Maximilien I fit-il de l'Allemagne?* Il partagea cette contrée en dix provinces, qu'il appela les *dix cercles de l'empire.*

Savoie et Ferrarais sont formés en duché.
Le grand art d'imprimer à Strasbourg est trouvé.

389. *Comment la Savoie devint-elle un duché?* L'empereur Sigismond, élevant la Savoie du rang de comté à celui de duché, l'an 1415, donna ce dernier titre à l'ancien comté d'Amédée VIII, connu depuis par sa retraite dans le prieuré de *Ripaille*, près de Thonon sur le lac de Genève; ce duc devint pape sous le nom de Félix V.

390. *Comment Ferrare fut-il érigé en duché, l'an 1440?* Le pape érigea le duché de Ferrare en faveur de Borso, ancien marquis de cet état, sous le règne de Frédéric III.

391. *Dans quelle ville le célèbre Guttemberg, né à Mayence, commença-t-il ses premiers essais de typographie?* Ce fut en 1436, dans la ville de Strasbourg, qu'il exécuta l'idée d'imprimer avec des caractères mobiles. Il se réfugia ensuite à Mayence, où il s'associa avec Furst pour finir son travail; mais en 1552, Schœffer en perfectionna la découverte en trou-

vant l'art de fondre les caractères et de frapper les poinçons et les matrices.

392. *Comment le royaume de Chypre se trouva-t-il à la disposition de Jacques, évêque de Nicosie?* Ce prélat, fils naturel de Lusignan dernier roi de Chypre et de Jérusalem, fit, par ses intrigues, chasser de cette île Charlotte de Chypre, sa sœur, à qui la couronne appartenait de droit, et qui l'avait apportée en dot à son mari, Louis de Savoie. Dans la suite, elle fit à la maison de Savoie, cession solennelle de ses droits aux trois royaumes de Jérusalem, de Chypre et d'Arménie.

393. *Quels moyens Jacques, évêque de Nicosie, employa-t-il pour s'emparer du royaume de Chypre, l'an 1476?* Ayant obtenu le secours du sultan des Turcs, auquel il fit serment de fidélité, il épousa la fille d'un seigneur vénitien nommé Cornaro, que le sénat adopta, et par laquelle ce même sénat prétendit à ce royaume au détriment de la maison de Savoie à laquelle il appartenait par droit héréditaire et légitime.

394. *Quel prince remarquable commença à régner en Russie, vers l'an 1462?* Ce fut Iwan III Wasiliewitsch (1) qui affranchit sa patrie du joug des Tatares sous lequel elle gémissait depuis plus de 300 ans; il joignit à ses états Novogorod et Moscow, dont il fit la conquête sur

(1) La terminaison *witsch*, ajoutée aux noms russes, signifie *fils de*. *Wasiliewitsch* signifie *fils de Basile*.

les Lithuaniens. Pour affermir sa domination il fit alliance avec de puissans princes; il rassembla dans un code les lois éparses qui régissaient ses divers états, y introduisit le commerce et discipina les troupes. On peut dire que ce prince commença la grandeur de la Russie qui, jusqu'alors, avait été désolée soit par des guerres intestines, soit par la rapacité des étrangers. Son fils, Iwan IV, le premier qui ait porté le titre de *tzar* ou *czar*, en chassa tout-à-fait les Tatares et prit Kasan leur dernière capitale.

395. *Comment Usum-Cassan, prince ou gouverneur d'Arménie, s'empara-t-il de la Perse, l'an* 1467? Dans les deux grandes factions formées en Perse sous les noms de la *Brebis blanche* et de la *Brebis noire*, Usum-Cassan, qui était de la première, se révolta contre son roi Joancha, qui était de la seconde, et, l'ayant tué, il subjugua tout le pays.

396. *Comment Ismaël, petit-fils d'Usum-Cassan, fixa-t-il son trône en Perse, l'an* 1499? En se disant descendant d'Ali, gendre de Mahomet, et en donnant au Coran une nouvelle explication, regardée comme hérétique par les autres disciples de Mahomet.

397. *Pourquoi les successeurs d'Ismaël de Perse prirent-ils le nom de Sophis?* Ils le tirèrent non du mot grec qui signifie *sage*, mais d'un mot qui, en langue persane, veut dire *laine*; matière que les princes persans employaient pour faire leurs turbans.

398. *Comment Alphonse V, roi d'Aragon, parvint-il au royaume de Naples?* Ce fut parce que la reine de Naples Jeanne II, princesse inconstante, révoqua l'adoption qu'elle avait faite d'abord du roi d'Aragon, et adopta en sa place Louis III d'Anjou, prince du sang de France.

399. *Qui parvint à la couronne de Naples après la mort de la reine Jeanne II?* Ce fut Alphonse, roi d'Aragon, qui ayant emporté d'assaut la ville de Naples, s'y fit reconnaître souverain, et força son compétiteur René d'Anjou, frère de Louis III d'Anjou, à se retirer dans son comté de Provence où il acquit, par sa bienveillance et son humanité, le titre de *bon roi René*.

400. *Quels héros chrétiens soutinrent vers le milieu du 15e siècle les efforts des Turcs?* Les deux Corvin Hunyade, père et fils, régens de Hongrie; puis Georges Castriot, roi d'Albanie, connu sous le nom de Scanderberg, qui signifie *l'Alexandre du pays*.

401. *Qui était Scanderberg?* Fils d'un seigneur d'Albanie, il fut donné en otage à Musa, sultan des Turcs; il en commanda les armées avec succès, et quitta ensuite leur service l'an 1446, pour se retirer dans son pays.

402. *Quel prodige de valeur raconte-t-on de Scanderberg?* Il se trouva à 22 batailles, où il ne reçut qu'une légère blessure; il se maintint en Albanie pendant 24 ans avec une poignée

de gens, à la tête desquels il défit souvent de nombreuses armées, et tua deux mille Turcs de sa propre main.

Délivrée à jamais de l'aspect du croissant,
L'Espagne tout entière a pour roi Ferdinand.
Conduit par son génie, agrandissant la terre,
Colomb au sein des flots trouve un autre hémisphère.

403. *Comment les états d'Espagne, à l'exception du Portugal, se trouvèrent-ils unis en Ferdinand V, dit le Catholique?* Ce fut par le mariage de ce prince, héritier du royaume d'Aragon, avec Isabelle, héritière du royaume de Castille. Toute l'Espagne se trouva réunie sur la tête de leur fille Jeanne, surnommée la Folle, qui épousa Philippe-le-Bel d'Autriche; de ce mariage naquit Charles-Quint.

404. *Comment Christophe Colomb, habile navigateur génois, étendit-il les états de Ferdinand V et d'Isabelle?* Ayant reçu de cette princesse trois vaisseaux, il partit le 3 août du port de Palos pour découvrir des terres inconnues; et, après avoir mouillé aux îles Canaries, il arriva en 35 jours, le 12 octobre, à l'île de Guahanani, l'une de Lucayes, où il établit, en 1492, le premier fondement de la puissance espagnole en Amérique.

405. *Comment Christophe Colomb qui avait été regardé, à son départ de Madrid, comme visionnaire, fut-il traité à son retour?* Ferdinand V et Isabelle le reçurent avec les honneurs réservés aux grands d'Espagne; ils le

nommèrent amiral et vice-roi du Nouveau-Monde, où ils le renvoyèrent avec une flotte de 17 vaisseaux : l'an 1496, il découvrit encore les Caraïbes et la Jamaïque.

406. *Pourquoi Christophe Colomb n'a-t-il pas donné son nom au continent qu'il venait de découvrir ?* Un aventurier de Florence, nommé Americ-Vespuce, étant parti comme passager, en 1499, sur un vaisseau commandé par Antoine de Ojeda qui allait continuer les découvertes de Colomb, publia une relation de son voyage et l'antidata pour faire croire qu'il avait le premier découvert le continent. Ce mensonge que fit reconnaître Colomb, prévalut cependant dans le public, et assura à son auteur la gloire unique, mais contestée, d'avoir donné son nom à l'une des parties du monde. La postérité, plus équitable, s'accoutume à donner à ce pays le nom de Colombie.

407. *Quelles importantes découvertes les Portugais avaient-ils déjà faites ?* Ils avaient découvert successivement les îles de Madère, les Canaries, les îles Açores et les îles du Cap-Vert, et y avaient des colonies dès les années 1420, 1424, 1431 et 1460. Continuant leur route au sud ils avaient aussi reconnu les côtes de Nigritie et de Guinée, et arrivèrent enfin, en 1486, à la pointe la plus méridionale de l'Afrique.

Barthélemi Diaz, amiral portugais, fut le premier à doubler le cap qu'il appela le cap des *Tourmentes* ou des *Tempêtes*, nom que le roi

Jean changea en celui de cap de *Bonne-Espérance*. Ainsi fut ouverte la première route maritime pour aller aux Indes-Orientales. Le 22 mai 1498, Vasco de Gama eut la gloire, après 12 ans de travaux, d'aborder à Calicut à la tête d'une flotte portugaise.

Quatre Jacques d'Écosse. York et Lancastre unis.
Par rois et gouverneurs les Suédois affaiblis.

408. *Quels furent les quatre rois qui régnèrent en Ecosse dans le* 15e *siècle?* Ce furent quatre princes de la maison de Stuart qui portèrent le nom de Jacques. Jacques I fut assassiné dans son lit l'an 1433. Les trois derniers furent tués dans diverses batailles contre les Anglais.

409. *Quelle réunion de familles illustres se fit en Angleterre vers la fin du* 15e *siècle?* La maison de Lancastre, d'où étaient sortis les rois Henri IV, V et VI, se trouva unie à la maison d'York sous Henri VII, issu des comtes de Richmond, nommé le Salomon de l'Angleterre.

410. *Quelle était l'origine de ces deux familles?* Toutes deux étaient de la maison de Plantagenet, duc d'Anjou; les princes de la branche de Lancastre sont connus dans l'histoire de l'Angleterre sous le nom de *rose-rouge*, et ceux de la branche d'York, sous celui de *rose-blanche*. Richard duc d'York, voulant faire valoir ses droits à la couronne sous le faible Henri VI, donna le signal d'une guerre civile

qui dura plus de 30 ans et qui fut une des plus cruelles et des plus meurtrières.

411. *Par quel droit Henri VII unit-il en lui seul les deux maisons de Lancastre et d'York?* Se trouvant de la maison de Lancastre comme fils de la reine Marguerite, il entra dans les droits de la maison d'York, par son mariage avec Elisabeth, fille et héritière d'Edouard IV.

412. *Par qui furent agités et affaiblis les Suédois après la mort de Christophe de Bavière, élu roi de Danemark et de Suède, l'an* 1448? Par les rois de Danemark, qui voulaient régner en Suède, et par les anciens gouverneurs suédois, qui voulaient y conserver leurs places.

413. *Comment l'indépendance de la Suisse fut-elle reconnue en* 1499? Les treize cantons envoyèrent aux conférences qui eurent lieu à Munster et à Asnabruck, pour la paix générale, leurs ministres, afin de veiller dans ces congrès aux intérêts du corps helvétique. Par la puissante intervention de la France et de la Suède, ils y obtinrent la déclaration que la ville de Bâle et les autres cantons étaient en pleine liberté et indépendance de l'empire et nullement assujétis à lui payer tribut.

414. *Quel homme célèbre fut créé cardinal par Eugène IV, l'an* 1439? Bessarion, Grec de naissance, qui travailla avec beaucoup de zèle à la réunion des deux églises, de l'église latine et de l'église grecque, et qui serait ensuite monté

sur le siège pontifical si le cardinal Alain, Breton, ne se fût opposé à l'élection d'un prêtre grec.

415. *Quel fut l'état de l'église pendant ce siècle?* Elle fut agitée par les erreurs de Jean Hus et de Jérôme de Prague, sectateurs et rénovateurs de celles de Wicleffs, qui avaient désolé l'Angleterre dans le siècle précédent. Elle vit heureusement, par l'élection de Martin V, faite au concile de Constance, la fin du grand schisme d'occident causé par la double élection des deux papes Urbain VI et de Clément VII, faite en 1380. L'abdication volontaire du pape Félix V termina le schisme de Bâle.

416. *Quelle était l'origine de ce schisme?* Le concile qui se tenait dans cette ville par suite des décisions de celui de Constance, soutenait que, vu les circonstances où se trouvait l'église, il était au-dessus du pape; et que toute personne quelconque, même le pape, était obligée de lui obéir, dans ce qui regardait la foi, l'extirpation des schismes, les mœurs et la réforme générale de l'église dans son chef et dans ses membres. Le pape Eugène IV ne voulut pas d'abord reconnaître ce pouvoir au concile; il le cassa; mais le concile continua ses travaux que le pape approuva dans la suite.

417. *Quels établissemens utiles vit naître ce siècle?* L'université de Turin fut fondée en 1400; celle de Leipsig en 1409; celle de Louvain en 1426 et celle de Glascow en 1453. Le pape

Nicolas V fonda, en 1448, la célèbre et riche bibliothèque du Vatican. Les frères Van-Eyck dont le cadet est connu sous le nom de Jean de Bruges, inventent ou perfectionnent la peinture à l'huile; Cosme de Médicis protège les arts et les lettres. Gerson, célèbre docteur de Sorbonne, écrivit sous le nom de Thomas à Kempis, l'*Imitation de Jésus-Christ*, l'ouvrage le plus admirable qui soit sorti de la main des hommes.

Nous avons déjà parlé de l'invention de l'imprimerie et de celle des arts qui s'y rattachent.

XVIe SIÈCLE DE L'ÈRE CHRÉTIENNE.

DEPUIS L'AN 1500 JUSQU'A L'AN 1600.

Charles-Quint. Ferdinand joint Bohème et Hongrie.
Maximilien. Rodolphe eut la guerre en Turquie.

418. *Comment Charles-Quint réunit-il sous sa domination l'Espagne, l'empire d'Allemagne et d'autres états, l'an* 1519? Charles-Quint eut la monarchie d'Espagne par sa mère Jeanne d'Aragon, fille unique de Ferdinand V et d'Isabelle; le comté de Bourgogne, ou Franche-Comté, les Pays-Bas et l'Autriche, par son père Philippe, archiduc d'Autriche; et l'empire d'Allemagne par le choix qu'en firent les électeurs après la mort de Maximilien son grand-père.

419. *Quel fut le succès de la guerre que Charles-Quint fit aux Français au sujet du Milanais?* Ses troupes, après bien des revers, ga-

gnèrent la fameuse bataille de Pavie, où l'an 1525, François I, roi de France, fut fait prisonnier.

420. *Quel prisonnier firent à Rome les troupes de Charles-Quint, l'an 1527?* Son armée, sous la conduite du connétable de Bourbon, ayant pris d'assaut la ville de Rome, fit prisonnier le pape Clément VIII, réfugié dans le château Saint-Ange.

421. *Comment le connétable de Bourbon, prince du sang de France, se trouvait-il au service de Charles-Quint?* Cet empereur, pour porter des coups plus sûrs à la France, était parvenu à gagner le connétable en lui promettant en mariage sa propre sœur Eléonore.

422. *Comment mourut ce prince qui sacrifia à son ambition, sa patrie et son roi?* Il fut tué d'un coup de mousquet au moment où il ordonnait l'escalade de la capitale du monde chrétien.

423. *Pourquoi attaqua-t-il cette ville?* N'ayant pas payé depuis long-temps à ses soldats leur solde, et ayant déjà ruiné le Milanais, sans pouvoir s'acquitter envers eux, il leur promit le pillage de Rome malgré le traité que le pape venait de conclure avec l'un des généraux de Charles-Quint.

424. *Comment se conduisirent ses soldats après s'être emparés de Rome?* Les malheureux habitans de Rome furent en proie à tous les ex-

cès auxquels purent se porter la férocité des Allemands, l'avarice des Espagnols et la licence des Italiens. Eglises, palais, maisons particulières, tout fut pillé sans distinction; ni l'âge, ni le rang, ni le sexe ne garantit des plus cruels outrages. Tout fut pendant plusieurs mois à la merci de vainqueurs barbares et sourds à la voix de l'humanité. Les Huns, les Vandales et les Goths ne traitèrent jamais Rome avec autant de cruauté que le firent les soldats d'un monarque catholique.

425. *Quels exploits fit Charles-Quint contre Soliman II et contre Barberousse?* Il fit lever le siège de Vienne à Soliman II, qui l'attaquait avec cent mille hommes; il vainquit le fameux pirate Barberousse, devenu roi d'Alger et de Tunis; et de retour en Hongrie, où régnait son frère Ferdinand, il en expulsa les troupes de Soliman.

426. *Que fit Fernand Cortez entre les années 1519 et 1531?* Il entreprit la conquête du Mexique, dont on avait découvert les côtes. Parti de l'île de Cuba, où il était lieutenant du gouverneur, avec six cents hommes, quelques chevaux et quelques canons, il s'avança jusqu'à Mexico, capitale d'un empire florissant. Tantôt il effrayait les Indiens par son appareil guerrier, tantôt il les attirait par des caresses. L'empereur Montézuma le reçut avec respect et avec crainte. Dès son arrivée, Cortez avait fondé quelques établissemens, et bâti la Vera-Cruz. Quelques In-

diens s'étant soulevés par les instigations de l'empereur, Cortez se rendit au palais, agit en maître, mit les fers aux pieds de l'empereur, et le força à se reconnaître vassal de Charles-Quint. Ce grand guerrier, vainqueur des troupes de Velasquez, gouverneur de l'île de Cuba, jaloux de sa gloire, et de celles de Guatimozin, neveu de Montezuma, acheva la conquête du Mexique, et s'empara de la capitale.

427. *Que fit Pizarre, l'an* 1525? Les Espagnols, ayant entendu parler d'un pays où l'or se trouvait avec profusion, résolurent de le soumettre. Pizarre et Almagro, gens de basse naissance, suivent la route qui leur avait été indiquée, et débarquent au Pérou, pays qui était le plus cultivé et le plus civilisé de l'Amérique. Les Incas, qui en étaient souverains, se disaient fils du Soleil. Pizarre commença par offrir à Atabali Psa, dernier Incas, l'alliance de Charles-Quint, ce qui fut accepté; mais on chercha ensuite un prétexte pour déclarer la guerre et s'emparer de ce pays. La petite armée de Pizarre triompha d'une multitude d'Indiens, auxquels elle fit souffrir les cruautés les plus inouïes. Atabali Psa, chargé de fers, rachète sa liberté par des richesses immenses, et n'en est pas moins étranglé par ses barbares vainqueurs. Le Pérou est entièrement soumis aux Espagnols; mais la guerre civile ne tarda pas à diviser les chefs. Almagro, vaincu, est mis à mort peu après: Pizarre reçut le châtiment dû à ses crimes.

428. *Quelles découvertes fit Magellan, en 1521?* Ce Portugais, au service de Charles-Quint, qui lui confia cinq vaisseaux, entreprit le tour du monde; il pénétra, par le détroit auquel il donna son nom, dans la mer Pacifique. Continuant à faire voile à l'ouest, il arriva aux îles Mariannes, auxquelles il donna le nom d'îles des *Larrons*, parce que les habitans l'avaient volé, et s'avança jusqu'aux Philippines. Il perdit la vie dans une attaque contre les insulaires, où il s'était imprudemment engagé. Tout l'équipage périt, à l'exception d'un seul vaisseau, qui revint par le cap de Bonne-Espérance. Il est le premier qui ait fait le tour entier du monde.

429. *Comment Charles-Quint en usa-t-il à l'égard des protestans, dont le nombre se multipliait en Allemagne, et qu'il avait ménagés d'abord, l'an* 1527? Voyant la ligue qu'ils avaient faite à Smalkade, il leur fit la guerre, les vainquit avec éclat, et fit prisonniers deux chefs de leur parti, Frédéric, duc de Saxe, et Philippe, landgrave de Hesse.

430. *Comment Charles-Quint, qui s'était rendu si redoutable par ses expéditions, parut-il malheureux vers la fin de son règne, l'an* 1552? Il fut obligé de lever successivement le siége de Marseille, puis d'Alger, et enfin celui de Metz, bien qu'il eût attaqué cette dernière place avec 100,000 hommes.

431. *Que fit Charles-Quint lassé de ses revers, l'an* 1552? Il céda la monarchie d'Espagne,

les Pays-Bas, le Milanais, à Philippe II son fils; et l'année suivante, il abdiqua l'empire avec ses états d'Allemagne en faveur de son frère puîné Ferdinand I, déjà roi de Bohême et de Hongrie, pour se retirer dans le monastère de Saint-Just en Estramadure, où il mourut cinq ans après. Il regretta le pouvoir qu'il avait abdiqué.

432. *Qui remplaça l'empereur Ferdinand I?* Ce fut Maximilien II son fils, prince doux, éclairé et indulgent, qui ne crut pas devoir réduire les protestans par la voie des armes : « Ce n'est point, disait-il, en rougissant les autels du sang hérétique qu'on peut honorer le Père commun des hommes. »

433. *Quel succès Rodolphe II, fils et successeur de Maximilien II, eut-il contre les Turcs?* Ayant perdu la Hongrie, il ne la recouvra sur les Turcs qu'à l'aide des Français, qui commandés par le duc de Mercœur, l'an 1600, prirent Albe-Royale, près du lac Balaton.

Médicis sont patrons des lettres dans Florence.
Gonzague est à Mantoue, et Farnèse à Plaisance.

434. *Comment s'établirent en Italie les duchés de Parme et de Mantoue, vers l'an* 1549? L'empereur Charles-Quint reconnut duc de Mantoue Frédéric Gonzague, ancien seigneur de ce pays, et donna aussi le titre de duc de Florence et en même temps la main de Marguerite, sa fille na-

turelle, à Alexandre de Médicis, neveu du pape Alexandre VII, voulant par là effacer les mauvais traitemens qu'il avait fait souffrir à ce pontife.

435. *Comment le pape Paul III était-il le père de Louis Farnèse?* Ce pontife avait eu ce fils d'un mariage secret contracté avant d'être cardinal; étant devenu pape, il le fit connaître, et le créa duc de Parme et de Plaisance.

Soliman prend Belgrade et Rhodes sur Villiers,
Manque Vienne et puis Malte, où sont les chevaliers.

436. *Quelles conquêtes fit le sultan Sélim I, fils de Bajazet II?* Il renversa le puissant empire des Mamelouks qui dominaient sur l'Egypte, la Palestine, la Syrie et une partie de l'Arabie. Tous ces états furent incorporés à l'empire ottoman, vers l'an 1517. Le shérif de la Mecque et plusieurs tribus arabes firent soumission.

437. *Par quelle victoire Soliman II le Grand, empereur turc, signala-t-il les premières années de son règne, l'an* 1520? Il prit Bagdad, Belgrade et Bude en Hongrie, conquit l'Irak-Arabie, et l'île de Rhodes sur les chevaliers de Saint-Jean, malgré la belle défense de leur grand-maître Philippe de Villiers.

438. *Où se retirèrent les chevaliers de Saint-Jean de Jérusalem après la prise de l'île de Rhodes, l'an* 1522? Dispersés d'abord en divers

endroits de l'Italie, il se réunirent dans l'île de Malte, que l'empereur Charles-Quint leur avait abandonnée en souveraineté, l'an 1530, et où ils ont demeuré depuis sous le nom de chevaliers de Malte.

439. *Quel échec Soliman II éprouva-t-il devant Vienne, l'an 1529?* Il y perdit 80,000 hommes, et fut contraint de s'en retirer; mais il se dédommagea par la prise d'Albe, de Strigonie et d'autres places.

440. *Quel succès eut l'entreprise de Soliman II contre l'île de Malte, l'an 1534?* Il y échoua par la valeur extraordinaire des chevaliers, habitans de cette île depuis que l'empereur Charles-Quint la leur avait donnée pour les indemniser de la perte de Rhodes.

441. *Qu'a dit l'abbé de Vertot au sujet de ce siège dont il a écrit l'histoire?* Cet historien élégant et estimable à tous égards, ayant attendu long-temps en vain des renseignemens et des documens qu'on lui avait promis au sujet de ce siège, en écrivit l'histoire sur ceux qu'il avait; enfin les autres arrivèrent et ils étaient précieux : *Tant pis, je n'en ai plus besoin*, dit-il, *mon siège est fait*. Ces derniers mots sont devenus proverbes pour dire qu'on ne recommencera pas une chose bien ou mal faite.

442. *Pourquoi l'hérétique Luther, moine augustin, s'était-il soulevé contre l'église, l'an 1517?* Irrité de n'avoir pas reçu de Léon X la commis-

tion de prêcher en Allemagne les indulgences en faveur de ceux qui contribueraient à faire la guerre aux infidèles et à faire élever l'église de Saint Pierre, il se déchaîna contre *la confession*, *le libre-arbitre*, *le mérite des bonnes œuvres*, *la messe*, *les vœux*; il soutint que le pain demeurait dans l'Eucharistie avec le corps de Jésus-Christ, et accumula, lui seul, plus d'erreurs que n'en avaient enfanté tous les autres hérésiarques. Les premiers mobiles de Luther furent donc l'envie et sa cupidité déçue.

443. *Quel autre chef d'hérésie parut après Luther?* Ce fut Jean Calvin, chanoine de Noyon, qui, aux erreurs de Luther, ajouta entre autres la désolante doctrine : *que Dieu a créé la plupart des hommes pour les damner non à cause de leurs crimes, mais parce que cela lui plaît.* Après avoir publié sa fameuse *Institution chrétienne*, il se retira à Genève, dont les habitans chassèrent leur évêque, en adoptant, avec l'hérésie nouvelle, un gouvernement républicain, l'an 1535.

D'Est eut le Modenois; Jules deux prit Ferrare.
Philippe, injustement, du Portugal s'empare;
Puis perd les Pays-Bas : Nassau s'y fait un nom.

444. *Pourquoi César d'Est, à la mort d'Alphonse II son père, dernier duc de Ferrare et de Modène, eut-il seulement le duché de Modène?* Le pape soutint que César d'Est, n'étant pas fils légitime, n'avait aucun droit sur le duché de Ferrare, fief du saint-siège; et il se l'appropria.

445. *De quel droit Philippe II, roi d'Espagne et fils de Charles-Quint, acquit-il le royaume de Portugal?* Comme fils de la sœur du cardinal Henri, roi de Portugal, il se fit préférer à Catherine de Bragance, aussi héritière et parente au même degré que lui, disant « qu'entre cousins-germains le prince doit être préféré à la princesse, de même que le frère est préféré à la sœur. » Il alléguait un motif qui devait le faire exclure, puisqu'il venait comme représentant Isabelle sa mère, tandis que Catherine représentait Edouard aussi frère du dernier roi. Mais très souvent en politique le droit du plus fort passe pour le meilleur.

446. *Comment Philippe II perdit-il une partie de ses provinces des Pays-Bas?* Par la révolte des habitans, et plus encore par la sévérité des mesures que prit contre eux le duc d'Albe leur gouverneur, en faisant périr sur un échafaud les principaux seigneurs de ce pays, entre autres le comte d'Egmont et Philippe de Montmorenci.

447. *Comment Guillaume de Nassau, capitaine général de l'armée des insurgés, se montra-t-il dans la révolte des Pays-Bas, l'an 1584?* Ayant adopté la religion protestante, suivie généralement par les révoltés, il réussit, par la persuasion, par son courage et sa politique, à fonder la république des Etats-Généraux ou des Provinces-Unies de la Hollande.

Chypre vient à Sélim; Lépante en fait raison.
L'inconstant Henri huit divorce et schisme fit.
Édouard, Jeanne, Marie, Élisabeth on vit.

448. *Par qui Sélim II fit-il la conquête de l'île de Chypre sur les Vénitiens?* Par son général Mustapha, qui fit écorcher le vaillant Bragadin, commandant vénitien, pour avoir refusé de se faire mahométan.

449. *Quelle victoire dédommagea les chrétiens de la perte de l'île de Chypre?* Ce fut la victoire que remporta leur armée navale dans le golfe de Lépante, l'an 1570, sous le commandement de don Juan d'Autriche, fils naturel de Charles-Quint, aidé des républiques de Venise et de Gênes. Cette victoire détruisit le prestige de terreur qui s'était attaché jusqu'alors aux armes ottomanes.

450. *Quelle fut la cause principale du divorce que fit le roi d'Angleterre, Henri VIII, avec Catherine d'Aragon sa femme, tante de Charles-Quint?* Ce fut sa passion pour Anne de Boylen, qu'il voulut épouser malgré le pape, et à laquelle il fit cependant trancher la tête en 1536, pour épouser successivement deux autres maîtresses, qui eurent le même sort.

451. *Quelle fut la suite de tous les mariages scandaleux de Henri VIII?* Le pape excommunia ce prince, qui, malgré son ancien zèle à défendre la religion catholique contre Luther, embrassa les principes des novateurs, se sépara de

la communion romaine, et se fit déclarer chef de l'église anglicane.

452. *Quels ministres favorisèrent les passions désordonnées de Henri VIII?* Ce furent 1° le cardinal Wolsey, homme doué de passions viles jointes à beaucoup d'instruction; d'une avidité sans bornes, d'une ambition insatiable, et se vendant adroitement au plus offrant; premier ministre, favori de son maître, et brûlant de se venger de Charles-Quint qui ne l'avait pas fait nommer pape, Wolsey employa tout son art pour déterminer Henri au divorce que ce roi méditait avec Catherine d'Aragon, tante de l'empereur; 2° Cranmer, archevêque de Cantorbéry qui, s'appuyant sur les avis de quelques universités et des rabins, prononça ce divorce qui fut la source de tous les maux qui ont depuis désolé l'empire britannique.

453. *Qui succéda à Henri VIII, roi d'Angleterre?* Ce fut son fils sous le nom d'Edouard VI, né de Jeanne de Seymour qu'Henri VIII avait épousée après Anne de Boulen.

454. *Combien de temps Edouard VI posséda-t-il la couronne d'Angleterre?* Il commença de régner à l'âge de dix ans, et mourut six ans après en 1553; il appela au trône Jeanne Gray sa cousine, au préjudice de Marie et d'Elisabeth ses deux sœurs.

455. *Quel fut le sort de Jeanne Gray?* Elle fut chassée du trône par Marie I, qui le récla-

mait de droit, et qui fit trancher la tête à sa rivale.

456. *Comment finit la reine Marie I?* Cette princesse, attachée à la religion romaine, essaya vainement de la rétablir dans son royaume; le chagrin qu'elle conçut de n'avoir pas réussi, et la reprise de Calais par les Français, accélérèrent sa mort.

457. *Qui succéda à la reine Marie I?* Ce fut Elisabeth, fille d'Henri VIII, née du mariage de ce prince avec Anne de Boulen, et sœur de père de la reine Marie I, qui, en montant sur le trône, l'avait confinée dans une prison.

458. *En quoi se distingua la reine Elisabeth?* Cette princesse, portée pour la religion protestante, s'occupa d'abord du soin de l'affermir dans ses états, qu'elle gouverna avec autant d'habileté que de bonheur; mais elle souilla sa gloire par la longue captivité et par la mort qu'elle fit subir à Marie Stuart, reine d'Ecosse.

Suède élit Vasa; Sigismond la joignit
A la Pologne où perd l'Autriche son crédit.

459. *Comment Vasa, prince suédois, parvint-il au trône de Suède sous le nom de Gustave I, l'an* 1523? S'étant échappé des prisons de Copenhague, où il avait été renfermé par Christiern II, roi de Danemark, maître de la Suède, il se mit à la tête des braves de sa nation, et reprit Stockholm; puis, élu roi sous le

nom de Gustave I, il acquit à son peuple une grande considération en Europe.

460. *Comment Sigismond III, petit-fils de Gustave Vasa, unit-il le royaume de Suède à celui de Pologne?* Il fut proclamé roi de Pologne, en 1587, par la plus grande partie des seigneurs de ce royaume, à l'exclusion de Maximilien d'Autriche, qui n'avait en sa faveur qu'un petit nombre de Polonais; et, en 1594, il eut la couronne de Suède par la mort de son père Jean III.

Par Suderman la Suède à Sigismond ravie.
Le Danois de Luther suit la secte établie.

461. *Comment Charles, prince de Sudermanie et oncle de Sigismond III, enleva-t-il le royaume de Suède à son neveu?* Zélé protestant, il n'eut pas de peine à indisposer les Suédois contre Sigismond, zélé catholique, et à se faire reconnaître roi de Suède.

462. *Sous quel roi les Danois embrassèrent-ils la secte de Luther?* Sous Christiern III, qui se fit couronner à la manière des Luthériens, dont les principes avaient déjà commencé à s'introduire dans ses états dès l'année 1536, sous le règne de son père Frédéric I.

463. *Quels furent les principaux ordres religieux établis dans l'église pendant le 16e siècle?* Les *Théatins*, établis par saint Gaëtan de Théate, qui leur proposa de ne vivre que des offrandes apportées par les fidèles, et dont l'institut avait

pour objet d'instruire gratuitement le peuple, d'assister les malades, d'exciter les laïques à la piété, et, par leurs exemples, de faire revivre parmi le clergé l'esprit de désintéressement et de ferveur; les *Capucins*, réformés de l'ordre de saint François, par Mathieu de Bassy, qui leur donna une espèce particulière de capuchon; les *Barnabites*, rassemblés par deux Italiens, Ferrari et Morigia, sous la protection de saint Barnabé et de saint Paul; les *Jésuites*, par saint Ignace de Loyola, Espagnol, qui forma le vaste plan d'assurer à la jeunesse des instituteurs habiles, et de pourvoir la société chrétienne de ministres évangéliques; les *prêtres de l'Oratoire*, par saint Philippe de Néri, Florentin, qui donna à ses prêtres, pour fonction principale, celle de faire tous les jours des instructions chrétiennes dans leurs oratoires ou églises.

Tous ces ordres religieux ont donné au monde des modèles de haute piété et d'une charité ardente; à la religion des défenseurs éclairés; à l'instruction publique, d'habiles maîtres qui distribuaient gratuitement le pain de l'instruction à qui le leur demandait; aux sciences et aux lettres, des hommes laborieux qui en ont reculé les bornes et n'en faisaient pas une spéculation mercantile.

XVII° SIÈCLE DE L'ÈRE CHRÉTIENNE.

DEPUIS L'AN 1600 JUSQU'A L'AN 1700.

Au dix-sept, Mathias, Ferdinand qui se plaint
Des maux qui lui sont faits par Gustave et Walstein.

464. *Dans quelle situation difficile se trouva Mathias, empereur d'Allemagne?* Ce fils de Maximilien II, et successeur de Rodolphe II son frère, l'an 1612, vit commencer contre les protestans de Bohême une guerre qui désola l'Allemagne pendant 30 ans, et qui ne fut terminée qu'à la paix de Westphalie, après 10 ans de négociations.

465. *Quelles contrariétés eut à souffrir l'empereur Ferdinand II, successeur de Mathias, l'an 1619?* Il fut obligé de combattre les révoltés de Bohême et ceux de Hongrie; ensuite Gustave Adolphe, roi de Suède et protecteur des protestans d'Allemagne, et enfin l'ambitieux Walstein, né en Bohême et duc de Friedland, qui, voulant attacher l'armée à sa personne, cherchait à se rendre indépendant de l'empereur son maître.

466. *Par quel évènement l'Allemagne, menacée d'une perte prochaine sous l'empereur Ferdinand II, fut-elle sauvée l'an 1632?* Par la mort d'un ennemi puissant, le célèbre Gustave-Adolphe, roi de Suède, qui, après avoir remporté une grande victoire sur Walstein dans la

laine de Lutzen, fut tué dans le même combat, et mourut ainsi au sein de la victoire.

467. *Quels ennemis eut à combattre Ferdinand III, fils et successeur de Ferdinand II, l'an* 1637? Ce furent les Suédois, sous la conduite de Bernard de Saxe, duc de Weimar, formé à l'école de Gustave Adolphe; les Français, conduits d'abord par le duc d'Enghien, appelé le *Grand-Condé*, vainqueur à la bataille de Nortlingue, ensuite par le célèbre Turenne.

468. *Quel traité de paix mit fin à la guerre de* 30 *ans?* Ce fut le traité de paix appelée *paix de Westphalie*, conclue entre l'empereur, le roi de Suède et la France, l'an 1668.

469. *Comment Léopold I, fils et successeur de Ferdinand III, fut-il sur le point de perdre ses états, l'an* 1683? Les Turcs, appelés par les révoltés de Hongrie, fondirent sur l'Autriche avec une armée de 240,000 hommes, et mirent le siège devant Vienne; ils auraient effectué la ruine de l'empire sans la valeur de Sobieski, roi de Pologne, l'un des plus grands guerriers de son siècle, qui accourut au secours de cette ville, et avec une poignée de soldats fit lever le siège de Vienne; battit et mit en déroute les Turcs dont il fit un grand carnage, et prit sur eux l'étendard de Mahomet, l'an 1683.

470. *Quel fut le résultat de cette victoire?* Le résultat de cette victoire fut une suite de vic-

toires éclatantes que remportèrent sur les Turcs les généraux de l'empereur, savoir : Charles de Lorraine, le prince Louis de Bade, et surtout le prince Eugène de Savoie qui remporta une victoire décisive près de Seutha en Hongrie. Le grand-visir, 17 pachas et les deux tiers de l'armée ottomane restèrent sur le champ de bataille. Le traité de Carlowitz qui suivit ces brillans succès rendit à Léopold la Hongrie, la Transilvanie et l'Esclavonie.

471. *Comment Léopold I sut-il se garantir du pouvoir de la France, sous le règne de Louis XIV?* Ce fut surtout par son adresse à intéresser tout le corps germanique à sa querelle, et à faire déclarer guerres de l'empire toutes les guerres particulières qu'il eut à soutenir.

Portugal séparé. L'Espagne fait la guerre,
Puis reçoit un Français.

472. *Par quelle révolution le Portugal fut-il séparé du royaume d'Espagne sous Philippe IV, l'an* 1640? Les Portugais gémissaient depuis long-temps sous le joug des Espagnols qui cherchaient par tous les moyens à leur faire perdre leur nationalité, à leur ravir tous leurs avantages commerciaux et à faire de leur patrie une province appauvrie de l'Espagne; dirigés par la duchesse de Bragance, ils tramèrent une conspiration avec un secret inviolable, chassèrent les Espagnols; et mirent sur le trône Jean IV de Bragance.

473. *Comment l'Espagne, pendant long-temps ennemie des Français, eut-elle pour roi un prince de la maison de France, l'an* 1700? Philippe V, auparavant duc d'Anjou, fut appelé à la couronne d'Espagne par le testament de Charles II, et par sa qualité de petit-fils de la sœur aîné de ce monarque.

L'Écosse à l'Angleterre
Sous Jacques se joignit; ses fils sont couronnés.
Charles deux, Jacques deux, princes infortunés.

474. *Comment l'Ecosse fut-elle réunie à l'Angleterre dans la personne de Jacques I, l'an* 1603? Jacques Stuart, qui avait eu le royaume d'Ecosse de Marie Stuart sa mère, succéda en Angleterre à la reine Elisabeth sa cousine, qui l'avait nommé son successeur.

475. *Pourquoi Charles I, fils de Jacques I, fut-il condamné à mort l'an* 1649? Ce prince, naturellement indulgent, ayant pardonné quelques soulèvemens excités en Ecosse par la politique du cardinal de Richelieu, indisposa contre lui les parlemens d'Angleterre, qui, à l'instigation de Cromwell, chef du parti des indépendans, déclarèrent la guerre à leur roi, le condamnèrent comme ennemi de la patrie, et le firent exécuter par des hommes masqués, le 30 janvier 1641.

476. *A quoi ce régicide a-t-il donné lieu en Angleterre?* La nation anglaise, détestant ce sacrilége commis contre la majesté royale, et ne vou-

lant pas s'en rendre complice par son silence, i stitua un jour de deuil national et férié; il e accompagné de prières publiques et précédé d'u jeûne universel.

477. *Qui gouverna l'Angleterre après la m de Charles I?* Ce fut ce même Olivier Cromwel sous le titre de *protecteur des trois royaume* qu'il se fit déférer par un parlement qu'il composer d'individus qui lui étaient dévoué de son autorité souveraine, il fit casser le préc dent parlement appelé *rump* ou croupion, a moyen duquel il avait fait monter son roi su l'échafaud, abolit la chambre des lords, f supprimer la royauté comme inutile à la nation onéreuse et dangereuse à la liberté et à l'inte rêt des peuples. Cromwell, revêtu de l'autori suprême, avec la faculté de faire la guerre o la paix à son gré, gouverna l'Angleterre avec u pouvoir plus absolu que ne l'avait jamais é celui des rois; il sut couvrir de quelques lau riers la verge de fer qu'il tint dans ses main pendant son protectorat.

478. *Comment Charles II, fils de l'infortun Charles I, remonta-t-il sur le trône d'Angle terre, l'an 1658?* Par le zèle et la prudence d fidèle Monk, gouverneur d'Ecosse, qui, apre la mort du protecteur Cromwell, convoq un nouveau parlement composé des deux cham bres. Richard Cromwell, fils de ce dernier ayant abdiqué le protectorat, Monk réussit faire placer sur le trône d'Angleterre l'héritie

gitime, retiré en France auprès de sa mère Ienriette, fille de Henri IV.

479. *Quelle loi célèbre gagna la liberté natio-nale sous Charles II?* Ce fut la loi appelée *ha-beas corpus* qui passa au parlement en 1679; d'après cette loi, tout prisonnier, eût-il été en-voyé en prison par le roi et son conseil, doit ître traduit devant le juge qu'il se choisira pour ître jugé, ou mis en liberté si, dans les 24 heu-res, on ne produit pas une cause légale, c'est-à-dire, indiquée par la loi, de son emprisonne-ment.

480. *Quels partis s'élevèrent en Angleterre vers ce temps-là?* Ce fut celui des whigs (1) et celui des torys (2). Le premier de ces partis était celui de l'opposition, et se proclamait le protec-teur du peuple, qui, égaré par des menées dé-magogiques, se forma en parti puritain, ren-versa le trône, et fit monter le roi sur un écha-faud. Le parti des torys était celui de l'église anglicane et de l'autorité royale. Ces deux partis commirent des cruautés inouïes, et s'immolè-rent à la fureur l'un de l'autre. Ces dénomina-

(1) Sobriquet donné par les torys, ou ceux qui étaient atta-chés au principe de la légitimité et de la royauté, aux puritains politiques de ce temps-là, aux républicains et aux fanatiques de liberté. Ce mot signifie *homme de néant*, *un sans-culotte*, *un va-nu-pied*.

(2) Sobriquet donné par les whigs, ou ennemis de la cour, aux royalistes catholiques ou protestans, sur la fin du règne de Charles II. Ce mot signifie *bandit*, *voleur*.

tions ont subi, depuis, plusieurs altérations, p suite des vacillations politiques.

481. *Pourquoi Jacques II, fils et successe de Charles II, à peine monté sur le trône, pe dit-il ses états?* Attaché à la religion catholiqu et brûlant du zèle de la répandre, il révoqua loi du Test, par laquelle on abjurait le dog de la présence réelle de Jésus-Christ dans l'E charistie; et, par ce moyen, il aigrit ses suj protestans, qui le déclarèrent déchu de la co ronne.

482. *Quel roi se choisirent les Anglais ap avoir détrôné Jacques II, l'an* 1688? Ils app lèrent Guillaume de Nassau, de la commun protestante, prince d'Orange, stathouder Hollande, et qui avait épousé Marie, fille Jacques II.

483. *Que devint l'infortuné Jacques II?* Fo d'abord de recevoir les ordres de sa fille et son gendre dans son propre royaume, il en chassé ensuite, et se réfugia en France, où mourut. Son tombeau se voit à Saint-Germ en Laye, dans l'église, place du château.

484. *Pourquoi Casimir V, fils de Sig mond III, roi de Pologne, abdiqua-t-il sa co ronne l'an* 1667? Ayant été d'abord jésuite conservant du goût pour la vie religieuse, il retira à Paris dans l'abbaye de Saint-Germa des-Prés, que Louis XIV lui donna avec u

pension convenable; il passa depuis à Nevers, où il finit ses jours.

Gustave, dit le Grand, est l'effroi des Germains;
Et ses talens guerriers étonnent les humains.

484 *bis. Comment Gustave-Adolphe II, dit le Grand, fils et successeur de Charles IX, roi de Suède, fit-il trembler l'Allemagne, l'an* 1631? Ce prince, après avoir fait la guerre avec succès au Danemark, à la Russie et à la Pologne, qui l'avaient attaqué en même temps, fit alliance avec les protestans d'Allemagne contre la ligue catholique dont l'empereur était le chef; il parcourut en vainqueur, dans l'espace d'environ deux ans, les deux tiers de l'Allemagne, depuis la Vistule jusqu'au Danube et au Rhin.

485. *A quoi Gustave-Adolphe dut-il ses étonnans succès?* A son génie, qui lui fit introduire dans son armée un ordre et des manœuvres inconnues avant lui.

486. *Où mourut Gustave Adolphe, l'an* 1632? A la fameuse bataille contre Walstein, général de l'empereur, dans la grande plaine de Lutzen, où son corps fut trouvé parmi les morts, percé de deux balles et de deux coups d'épée. Il mourut au sein de sa victoire, car les Suédois furent vainqueurs par suite des savantes dispositions qu'il avait faites de son armée.

487. *Quel éloge a-t-on fait de ce prince?* Petit-fils de Gustave Vasa, il mit le comble à la gloire de la Suède. Les vertus qui brillèrent en lui,

l'activité qu'il déploya, la sagesse de ses vues, l'ordre admirable qu'il mit dans toutes les parties de l'administration intérieure, le rendirent l'idole de ses peuples; ses exploits militaires et sa supériorité dans l'art de la guerre, lui attirèrent l'admiration de l'Europe; il fit prendre à sa patrie un rang distingué parmi toutes les puissances.

Christine offre partout un esprit peu constant.
Le Danois Christiern est chef du protestant.

488. *Comment Christine I parvint-elle au trône de Suède, l'an* 1632? Elle succéda à son père Gustave-Adolphe-le-Grand, qui, espérant beaucoup de cette jeune princesse, la destinait à être guerrière et conquérante; mais il mourut trop tôt pour voir ses espérances se réaliser.

489. *Dans quelle circonstance Christine I, fille de Gustave-Adolphe et reine de Suède, abdiqua-t-elle le royaume, l'an* 1654? Au moment où elle donnait à la Suède les plus belles espérances, par le zèle éclairé avec lequel elle avait conduit à son issue le traité de Westphalie et pacifié l'Allemagne, elle abdiqua le royaume en faveur de Charles-Gustave, son cousin-germain, pour se livrer à la philosophie et aux beaux-arts, disant que « le Parnasse vaut mieux que le trône. »

490. *En quoi Christine I fit-elle voir son caractère inconstant après avoir abdiqué le trône?* Cette princesse, dont l'esprit fut admiré par Grotius, Bochart et Descartes, hommes les plus

(1) L'histoire moderne commence avec le quinzième siècle.

savans de leur siècle, ne put se fixer nulle part; elle voyagea en diverses contrées de l'Europe, voulut passer en Angleterre, où Cromwell se montrait peu disposé à la recevoir, abjura le protestantisme en Flandre, vint s'ennuyer à Paris; et, projetant toujours de retourner en Suède, elle finit ses jours à Rome, âgée de 63 ans.

491. *Pourquoi Christiern IV, roi de Danemark, fut-il élu chef de la ligue des protestans en Allemagne, l'an* 1625? Il le fut pour porter au trône de Bohême le prince protestant Frédéric V, électeur palatin, en la place de l'empereur Ferdinand II, qui, malgré tous les efforts de la ligue, en demeura enfin possesseur, par suite des victoires éclatantes du général Tilli.

492. *Comment la maison de Romanow parvint-elle au trône de Russie, en* 1613? Les Moscovites, indignés de la tyrannie qu'exerçaient chez eux les Polonais, qui depuis un an s'étaient rendus maîtres de Moscou, se révoltèrent contre eux et les chassèrent. Ils choisirent ensuite pour leur chef Michel Fedrowitsch, qui n'était âgé que de quinze ans. Telle fut l'origine de l'illustre maison qui a occupé depuis le trône impérial de Russie. C'est avec la dynastie des Romanow que la Russie commença à sortir de l'obscurité et de l'anarchie, soit civile, soit étrangère, qui l'avait désolée jusqu'alors.

493. *Que firent de remarquable les princes de cette dynastie?* Michel et son fils Alexis commencèrent d'utiles réformes dans les mœurs et

les lois de la Russie; il était réservé aux efforts et au génie de Pierre-le-Grand, fils d'Alexis, de la faire sortir de la barbarie où elle semblait se complaire. Pour apprendre à gouverner ses peuples, à les policer et à les éclairer, il voyagea dans différentes contrées. A son retour, il fit fleurir dans son vaste empire les sciences, les arts, les manufactures; inspira à ses sujets le goût des lettres, adoucit leurs mœurs, et fit entreprendre plusieurs voyages dans les pays les plus civilisés. Il jeta en 1704 les fondemens de Saint-Pétersbourg, dont il fit la capitale de ses états, et réforma la discipline de ses armées.

494. *Comment la maison d'Holstein-Gottorp s'unit-elle à celle de Romanow, et monta-t-elle sur le trône?* Elisabeth, troisième enfant de Pierre-le-Grand et de Catherine I, étant morte sans postérité, les enfans de sa sœur aînée, Anne, qui avait épousé le duc de Holstein-Gottorp, furent appelés à lui succéder. Elisabeth eut donc pour successeur Pierre III, qui fut détrôné, en 1762, par les intrigues de sa sœur, connue sous le nom de Catherine II, ou la Grande. A Catherine succéda son fils Paul, père des empereurs Alexandre et Nicolas.

495. *Quelles communautés se sont établies dans l'église pendant le 17e siècle?* 1° Les Ursulines; 2° l'ordre des filles de la Visitation, fondé à Annecy en Savoie, par saint François de Sales, évêque de Genève; la première supérieure fut sainte Jeanne-Françoise de Frémion de Chan-

tal; 3° la congrégation des prêtres de l'Oratoire de France, instituée à la persuasion du même saint, par le savant et pieux cardinal de Bérulle d'après celle de saint Philippe de Néri en Italie.

Cette congrégation qui se vouait à l'instruction de la jeunesse, a vu sortir de ses collèges des élèves, qui par leurs vertus et leurs talens ont honoré l'église et l'état.

XVIII° SIÈCLE DE L'ÈRE CHRÉTIENNE

DEPUIS L'AN 1700 JUSQU'A L'AN 1800.

Charles six. Charles sept. François vient après lui.
Joseph deux. Léopold. François deux et son fils.

496. *De quelle famille illustre Charles VI fut-il le dernier rejeton en Allemagne?* Ce prince, fils et successeur de Léopold l'an 1711, fut le seizième et dernier empereur de la maison d'Autriche ou d'Hapsbourg.

497. *Quelle perte considérable fit l'empereur Charles VI?* Après avoir acquis, par un traité de paix en 1714, les royaumes de Naples et de Sardaigne, les Pays-Bas, les duchés de Milan et Mantoue, ce prince perdit presque tous ses états. Don Carlos, fils de Philippe V, roi d'Espagne, se rendit maître du royaume de Naples et de Sicile; le duc de Savoie prit Tortone, Novare, etc.

498. *Que gagna la France sur l'empereur Charles VI, l'an* 1735? Elle se mit en possession de la Lorraine et du duché de Bar, reversibles sur elle après la mort de Stanislas, roi de Po-

logne, à qui l'empereur avait été obligé de les céder à cette condition.

499. *Que gagnèrent les Ottomans sur le malheureux Charles VI, l'an* 1739? Enhardis par la mort du célèbre prince Eugène de Savoie, généralissime des armées de l'empereur, ils se firent céder la Valachie impériale, la Servie, et Belgrade.

500. *Qui succéda, en* 1741, *dans les états héréditaires de l'empereur Charles VI?* Ce fut Marie-Thérèse, fille et héritière de ce monarque, reine de Hongrie et de Bohême, et mariée à François Ier, auparavant duc de Lorraine, puis grand-duc de Toscane.

501. *Quelle guerre eut à soutenir Marie-Thérèse?* La guerre appelée de la *succession d'Autriche*, contre le roi de Prusse, l'électeur de Bavière, le roi de Pologne et le roi d'Espagne, qui tous prétendaient avoir des droits à l'héritage de Charles VI, et qui, de concert avec la France, s'emparèrent d'une grande partie de la Silésie, de la Bohême, de la Moravie et de l'Autriche.

502. *Que fit Marie-Thérèse dans cette extrémité?* Elle se rendit à Presbourg, au sein des états de Hongrie, portant dans ses bras son fils aîné, depuis Joseph II; elle leur dit ces mots remarquables: « Abandonnée de mes amis, et « persécutée par mes ennemis, je n'ai de ressource « que dans votre courage et votre fidélité; je « remets entre vos mains la fille et le fils de « vos rois. C'est de vous seuls qu'ils attendent

« leur salut. » *Mourons pour notre roi Marie-Thérèse*, s'écrièrent tous ensemble les Hongrois, en brandissant leurs sabres. Aussitôt on vit sortir de la Hongrie des nuées de hussards, de croates et de pandours, qui couvrirent toute l'Allemagne, faisant la guerre en *guérillas*.

503. *Que fit-elle ensuite?* Ne pouvant se défendre contre tous ses ennemis, elle céda la Silésie au roi de Prusse pour pouvoir attaquer les autres ; et, avec les secours de l'Angleterre, de la Hollande et de la Sardaigne, elle reprit peu-à-peu sa supériorité en Allemagne et en Italie.

504. *Comment Charles VII, électeur de Bavière, parvint-il à l'empire, l'an* 1742? Ce prince fut couronné empereur par les armées de Louis XV, sous le commandement du maréchal de Saxe, pendant les guerres de la succession d'Autriche ; mais il éprouva ensuite de cruels revers, et finit par avoir à peine un lieu de sûreté et de repos en Europe.

505. *Que fit François I, époux de la reine Marie-Thérèse, parvenu à l'empire après la mort de Charles VII, l'an* 1745? Il continua la guerre de la succession d'Autriche avec différens succès, jusqu'à la paix générale signée à Aix-la-Chapelle.

506. *Par quel droit Joseph II obtint-il l'empire et la couronne de Hongrie, de Bohême, etc., l'an* 1765? Ce prince, fils de François I, fut appelé à lui succéder par les électeurs de l'empire; et, l'an 1780, après la mort de sa mère Marie-

Thérèse, avec laquelle il avait partagé la régence, il devint seul maître de tous les états héréditaires.

507. *Qui succéda à l'empereur Joseph II, mort l'an* 1790? Ce fut son frère, l'archiduc Léopold II, grand-duc de Toscane, où il avait acquis la réputation d'une haute sagesse.

508. *Qui succéda à Léopold II, mort en* 1792, *après s'être mis à la tête d'une coalition contre la France?* Ce fut François II, son fils, aujourd'hui régnant, mais qui, regardant l'empire d'Allemagne comme éteint par la formation de la confédération du Rhin, abdiqua la couronne d'Allemagne, et a pris depuis le titre d'empereur d'Autriche, sous le nom de François I.

De Brandebourg la tige au rang des rois se place.
Le czar Pierre affaiblit tout pouvoir qui menace.

509. *Comment Frédéric I, électeur de Brandebourg, eut-il le titre de roi de Prusse l'an* 1700? Ce prince, qui n'avait pu obtenir de l'empereur Léopold I de faire reconnaître la Prusse pour un duché séculier, se mit la couronne sur la tête à Kœnisberg, en disant : *Je me fais roi*, et se fit reconnaître à la paix d'Utrecht par toutes les parties contractantes ; l'empereur, l'Angleterre et la Hollande l'avaient déjà reconnu, parce qu'il les avait servis dans leurs guerres contre la France.

510. *Comment Pierre-le-Grand, czar de Moscovie, commença-t-il à acquérir en Russie une autorité inconnue à ses prédécesseurs?* Ce fut

en affaiblissant avec adresse et à propos tout pouvoir qui tendait à s'opposer à ses grands desseins : ainsi, à l'occasion d'une révolte des *strélitz*, troupes insubordonnées, telles que celles des janissaires en Turquie, il les décima, en envoya un grand nombre en Sibérie, et détruisit presque entièrement leur corps.

511. *Quel acte d'autorité exerça Pierre-le-Grand sur le clergé de ses états?* A la mort d'Adrien, grand patriarche de Russie, arrivée l'an 1703, il supprima la dignité des patriarches, qui, forts de l'opinion publique et de leur crédit, avaient souvent balancé l'autorité civile.

512. *En quoi le czar Pierre, montra-t-il ses talens guerriers?* D'un côté, il réforma l'art militaire que Charles XII, disait-il, lui avait enseigné à force de défaites, et dont il profita ensuite pour affaiblir les Suédois eux-mêmes; d'un autre côté, il créa à Pétersbourg qu'il avait fondée, une marine importante, après avoir servi quelque temps comme simple constructeur à Saardam en Hollande.

513. *En quoi Pierre-le-Grand montra-t-il ses talens comme législateur?* Il adoucit les mœurs de ses sujets, à demi barbares, en les faisant voyager dans les grandes villes de l'Europe, comme il avait voyagé lui-même; il fit fleurir dans ses états les sciences, les arts et les manufactures, en y appelant de toutes parts des savans et des artistes étrangers. En 1721, il prit

le titre d'*empereur de toutes les Russies*, qu'aucun de ses prédécesseurs n'avait porté.

Font la guerre en héros Malborough et Eugène.
Charles douze, battu, chez l'Ottoman se traîne.

514. *Quels exploits firent ensemble, l'an* 1704, *le fameux duc de Marlborough et le prince Eugène de Savoie?* Le duc de Marlborough, général anglais, et le prince Eugène de Savoie, commandant les troupes de l'Empire contre la France et la Bavière, portèrent les armes vers les bords du Danube, où ils gagnèrent sur leurs ennemis la fameuse bataille d'Hochstedt ou de Blenheim, qui eut les suites les plus désastreuses pour les Français et les Bavarois.

515. *Pourquoi Charles XII, qui avait étonné le monde par ses succès militaires, se vit-il obligé d'aller chercher son salut chez les Turcs, l'an* 1709? C'est parce que ce roi, ne mettant aucune borne à son ardeur guerrière ni à son animosité contre la Russie, exposa trop ses troupes, et fut si complètement défait près de Pultawa, par l'armée de Pierre-le-Grand, qu'il ne sut plus où se retirer.

La Sardaigne eut un roi, le Russe un empereur.
Le prétendant Stuart met l'Écosse en rumeur.

516. *Comment Victor Amédée, duc de Savoie, obtint-il le titre de roi de Sardaigne vers le temps où Pierre-le-Grand se fit reconnaître empereur?* Ce prince, qui avait ajouté à ses possessions le Montferrat, les districts d'Alexandrie et de Va-

lence; qui, par suite du traité d'Utrecht en 1713, avait été couronné roi de Sicile, reçut, en échange de cette île, celle de Sardaigne en 1720, et depuis en a porté le titre de roi.

517. *Comment Charles-Edouard Stuart, petit-fils de Jacques II, roi d'Angleterre, connu sous le nom de Prétendant, fut-il la cause d'une grande fermentation en Ecosse, l'an* 1745? Ce prince, voulant remonter sur le trône de ses pères, passa en Ecosse, se mit à la tête d'un parti de ses sujets fidèles, obtint d'abord quelque succès; mais, défait depuis à Culloden par les troupes de Georges II, il eut à peine le moyen de se sauver, à travers mille dangers, pour passer en France, et ensuite en Italie, où il mourut l'an 1788.

Après plusieurs combats, le vaillant Kouli-Kan
S'empare du Mogol, et se fait roi Persan.

518. *Comment le Tartare Persan Schah-Nadir, appelé dans la suite* Kouli-Kan, *s'illustra-t-il par ses exploits, l'an* 1736? Au milieu des troubles qui agitaient la Perse, il s'en fit proclamer roi, reprit sur les Turcs les provinces qu'ils en avaient enlevées, et joignit, aux anciens états de cette monarchie, plusieurs provinces du Mogol.

Par Gustave troisième est la Suède affermie.
Stanislas en Lorraine est fixé pour la vie.

519. *Comment Gustave III, roi de Suède, affermit-il la puissance royale dans son pays*

sans la rendre illimitée, l'an 1743? Ce prince, formé par le comte de Tessin, grand homme d'état, enleva au sénat l'autorité excessive que ce corps s'était attribuée dans le gouvernement (une diète avait ordonné que les affaires d'état seraient décidées à la pluralité des voix des sénateurs, et que le roi serait obligé de s'y conformer). Il étouffa toutes les factions qui agitaient les différens ordres de l'état, et qui menaçaient de l'anéantir. Mais en 1792 il fut assassiné dans un bal, par Ankerstroom, l'un des conjurés qui avaient juré sa mort.

520. *Quelles circonstances fixèrent Stanislas Leczinski, pour le reste de ses jours, dans la Lorraine, l'an* 1743? Ce prince malheureux, ne pouvant plus remonter sur le trône des Polonais qu'occupait Auguste III, électeur de Saxe, son compétiteur, fut obligé de se contenter du simple titre de roi de Pologne et de la jouissance des duchés de Lorraine et de Bar, que la France obtint pour lui, et en survivance pour elle-même.

Sur le trône des czars Catherine brilla ;
Par la guerre et les arts Frédéric s'illustra.

521. *Par quoi Catherine II, veuve de l'empereur de Russie Pierre III, et qu'elle avait détrôné en* 1763, *mérita-t-elle ensuite d'être placée à côté des plus grands souverains?* Par ses grandes qualités, qui lui ont fait porter la Russie à un très haut degré de gloire et de puissance en Europe, et qui l'ont rendue elle-même d'autant

plus *grande* qu'elle refusa ce titre lorsque ses sujets voulurent le lui donner.

Sous Poniatowski la Pologne on divise;
A trois princes voisins elle est enfin soumise.

522. *Comment Frédéric II, roi de Prusse, se montra-t-il encore plus grand que Catherine II?* Parce qu'il sut rendre inutiles les efforts que firent contre lui la Russie, l'empire d'Allemagne, la maison d'Autriche, la Saxe, la Suède et la France, et qu'il se montra le plus grand capitaine de son siècle, surtout à la bataille de Rosbach, sur les frontières de la Saxe, où, par la discipline de ses troupes et par la supériorité de ses manœuvres, il mit en fuite les forces réunies de la France et de l'Autriche.

523. *Par quel moyen fut effectué le premier démembrement partiel de la Pologne, sous le roi Stanislas II, ancien comte de Poniatowski, l'an* 1772? L'impératrice reine Marie-Thérèse, la grande Catherine impératrice de Russie, et Frédéric II roi de Prusse, après avoir obligé les Polonais à réformer leur constitution, sous prétexte qu'elle était vicieuse et qu'elle les mettait toujours en guerre civile, finirent, pour les mettre d'accord, par s'emparer de plusieurs des provinces de cet état, qui étaient à leur convenance.

524. *Comment la Pologne fut-elle démembrée tout-à-fait, l'an* 1795? L'Autriche, la Russie et la Prusse, qui avaient déjà enlevé à la Pologne une partie de ses provinces, désapprouvant

hautement la nouvelle constitution que la Pologne s'était donnée, entrèrent en force dans ce royaume, le déclarèrent effacé du rang des monarchies, et s'en partagèrent entre eux tous les débris. C'est ce qui la fit appeler *le gâteau des rois*.

525. *Quels évènemens remarquables se passèrent dans l'Amérique septentrionale, en 1775?* Les colonies anglaises de l'Amérique septentrionale se soulevèrent contre l'Angleterre, et sous la conduite de Washington, battu d'abord, ensuite victorieux, elles parvinrent à conquérir leur liberté. L'Angleterre en reconnut l'indépendance en 1782. Les provinces libres, d'abord au nombre de treize, et par suite de vingt-quatre, prirent la dénomination d'États-Unis.

526. *Qui aida particulièrement ces colonies à conquérir leur indépendance?* Ce fut la France qui lui envoya des secours en hommes et en argent.

527. *De quelle constitution fameuse Clément XI fut-il auteur au commencement du 18e siècle, l'an 1713?* De la bulle ou constitution *Unigenitus*, portant condamnation de 101 propositions extraites des *réflexions* du père Quesnel sur *le Nouveau-Testament*. Plusieurs parlemens et évêques français, ainsi que les membres de la célèbre école de Port-Royal, appelèrent de cette bulle à un futur concile général. Cette bulle fut le sujet de beaucoup d'écrits et de troubles; les parlemens ordonnèrent par arrêt de donner l'absolution et la communion aux récalcitrans, leurs protégés,

qui ne voulaient pas se soumettre, et qui cependant, voulaient participer aux sacremens.

528. *Quelle fut la fin de l'ordre des Jésuites, l'an* 1773? Cet ordre fut supprimé par le pape Clément XIV, à la demande des princes de la famille de Bourbon et du roi de Portugal, qui les avaient déjà expulsés de leurs états quelques années auparavant, par suite des intrigues de Pombal, ministre portugais, leur ennemi juré.

529. *Où se retirèrent-ils?* Ils se retirèrent dans les états d'un roi protestant et d'un empereur schismatique (le roi de Prusse et l'empereur de Russie), qui s'empressèrent de confier à leurs lumières et à leur habileté l'instruction de leurs sujets catholiques.

Leibnitz, Newton, Linnée, étendent leur science.
Lavoisier, Montgolfier, Chappe, inventeurs en France.

530. *Qui fut Leibnitz?* Leibnitz, né à Leipzig, fit d'importantes découvertes dans les mathématiques, publia un grand nombre d'écrits savans sur presque tous les genres de littérature, et mourut l'an 1761, en discutant des matières de chimie.

531. *En quelle science se distingua l'Anglais Isaac Newton?* Il découvrit l'important phénomène de la gravitation universelle, expliqua les effets de la lumière et l'origine des couleurs; il en avait puisé les premières idées dans les écrits de Descartes et de Kepler. Il mourut de la pierre en 1722, âgé de 85 ans.

532. *Qu'a-t-on remarqué au sujet de Newton?* Il ne se maria point, vécut très saintement et n'entendait jamais prononcer ou ne prononçait jamais le nom de Dieu, sans se découvrir ou sans s'incliner, par respect pour l'auteur des merveilles qu'il avait découvertes dans l'étude des lois de la nature.

533. *Quel service rendit le capitaine Cook, fameux navigateur anglais?* Il voyagea plusieurs fois dans la mer Pacifique et autour du monde, où il fit plusieurs découvertes utiles; il fut tué, l'an 1780, par un des habitans des îles Sandwich, en voulant apaiser une querelle qui s'était élevée entre eux et les gens de son équipage.

534. *Dans quelle science se distingua Linnée, fondateur de l'académie de Stockholm, et mort en l'an* 1778? Il réforma l'ancienne méthode de botanique, et en substitua une nouvelle contenant la division des plantes en 24 classes, sous lesquelles se rangent aisément toutes les autres, par ordres, genres, espèces, individus. Cette méthode, a pour base les caractères distinctifs que présentent les organes réproducteurs des fleurs, leurs nombres, leurs positions, leurs réunions ou leurs séparations.

535. *Quel progrès fit faire à la chimie Lavoisier, membre de l'académie des sciences de Paris?* Il parvint à composer et recomposer deux élémens regardés jusqu'à lui comme simples, l'air et l'eau, et donna le procédé d'obtenir de l'eau avec des gaz.

536. *Quelle nouvelle idée doit-on à Mongolfier, l'an* 1783? Celle des aérostats ou ballons aériens, dont plusieurs expériences, couronnées de succès, ont été regardées comme le premier pas que les hommes aient fait vers une région où il y a tant de choses à observer.

537. *Quelle nouvelle construction inventa Chappe, l'an* 1796? Celle du télégraphe, dont l'usage, adopté par les gouvernemens de l'Europe les plus éclairés, a résolu un grand problème, celui de faire correspondre entre eux, dans peu de minutes et à une très grande distance, les habitans d'un vaste empire ou de différens états.

538. *Quelle importante découverte dans l'hygiène fut faite vers l'an* 1780? Rabaud-Pommier, Français, avait observé que les bergers, dans les environs de Montpellier, gagnaient souvent la petite-vérole en trayant les vaches et les brebis, qui sont sujettes à des éruptions varioliques. Il communiqua ses observations à des voyageurs anglais, qui en firent part au docteur Jenner, leur compatriote. Ces observations portèrent ce dernier à en faire d'autres. Jenner fit des expériences. Il en publia les heureux résultats en 1796. Depuis lors, la pratique de la vaccine est devenue universelle et arrache chaque jour des milliers d'enfans à la difformité ou à la mort.

539. *Quel système remarquable dans l'His-*

Voyez ci-après, page 170.

MAISON IMPÉRIALE DE SAXE.

Othon, duc de Saxe. E. Hedwige, fille de l'emp. Arnoul.

8. HENRI I, l'Oiseleur, roi de Germanie, 919.

9. OTHON I, le Grand, R. de Germ., 936; emp., 963. E. 2. Adélaïde, reine d'Italie.

10. OTHON II, emp., 973. E. *Théophanie* de C. P.

11. OTHON III, emp. 983.

Quatre filles.

Ludolph aîné, D. de Franconie. † 957.

Trois filles.

Guillaume, f. nat. arch. de Mayence.

Brunon, arch. de Cologne, et D. de Lorraine.

Trois filles.

Henri, D. de Bavière, E. *Judith*, de Bavière, 955.

Henri, dit *le Querelleur*, † 995.

12. HENRI II, dit *le Saint*, emper., 1002. † 1024.

* * * *

7. CONRAD I, de Franconie, emp. 911. † 919.

MAISON IMPÉRIALE DE FRANCONIE.

13. **CONRAD II**, le Salique, duc de Franconie, élu empereur [illegible]
E. *Gisèle*, petite-fille de Conrad, roi de Bourg., fille et veuve des ducs de Souabe; réunit le royaume de Bourg. en 1038. † 1039.

14. **HENRI III**, le Noir, emp. 1039;
E. 1. *Cunégonde*, fille de Canut-le-Grand;
2. *Agnès* de Poitou, régente après lui.

Deux filles.

15. **HENRI IV**, emp. 1056.
E. 1. *Berthe d'Ivrée*.
2. *Adélaïde de Russie*.
† 1125.

E. *Rodolphe*, D. de Souabe, élu emp. et tué en 1080.

Sophie.
E. 1. *Salomon*, R. de Hongrie.
2. *Ladislas*, R. de Pologne.

Conrad, rebelle.
E. *Mathilde* de Sicile.

16. **HENRI V**, emp. 1106.
E. *Mathilde d'Anglet*.

Agnès.
E. *Frédéric de Hohenst*.

Adélaïde.
E. *Boleslas III*, R. de Pologne.

* * * * *

17. **LOTHAIRE II**, fils de Gerhard de Supplinbourg; duc de Saxe, 1106; emp. 1125. † 1137.
E. *Richenza*, hérit. d'Henri-le-Gros, duc en Saxe, et dernière descendante de Henri-l'Oiseleur.

MAISON DE HOHENSTAUFFEN OU DE SOUABE,

PARTISAN DU POUVOIR ALLEMAND.

Originaire du château de Wibling, cette famille fut illustrée par Frédérick de Hohenstauffen, qui, par ses utiles services, mérita la main d'une fille de l'empereur Henri IV.

Frédéric, comte de Hohenstauffen,
créé duc de Souabe par Henri IV, en 1080. 1105.
E. *Agnès*, fille d'Henri IV.

18. CONRAD III, emp. en 1138. † 1152.	*Frédéric*, duc de Souabe, E. Judith, fille d'Henri-le-Noir ; † 1126.	*Albert Henri* et *Léopold*, qui furent successivement D. d'Autriche

19. FRÉDÉRIC I, Barberousse, emp. 1152. † 1190.
E. *Béatrix*, hérit. du comté de Bourgogne.

20. HENRI VI, emp. 1190. E. *Constance*, hérit. de Sicile.	21. PHILIPPE, emp. 1197. E. Irène-l'Ange.	Trois aut. fils.

23. FRÉDÉRIC II, R. de Sicile, 1197, emp. 1212. † 1250.

24. CONRAD IV, emp. 1250. † 1254.	*Mainfroid*, fils nat. R. de Sicile, tué, 1266.
Conradin, D. de Souabe, décapité à Naples, 1268.	*Constance.* E. *Pierre III*, R. d'Aragon.
* * * * *	* * * * *
25. GUILLAUME de Hollande, élu emp. 1247. † 1256.	26. RICHARD de Cornouailles. élu emp. 1257. † 1272.

MAISON GUELFE OU D'EST,

PARTISAN DE LA LIBERTÉ ITALIENNE ET DES PAPES.

Cette antique et noble famille descendait, suivant Muratori, d'Adelbert I, qui fut marquis de Toscane entre les années 847 et 875. Elle reçut un nouveau lustre par le mariage d'Albert Azon II avec Cunégonde d'Altorf, qui la rendit puissante dans l'empire.

Albert Azon, marquis de Toscane. † 1097.
E. *Cunégonde d'Altorf*.

Welf I, créé duc de Bavière en 1071 par Henri IV. † 1101.

Foulque, tige de la maison de Modène.

Henri-le-Noir, D. de Bavière. † 1126.
E. *Wilfride*, fille de Billung, duc de Saxe et hérit. de Lunebourg.

WELF II D'EST.
E. la Csse *Mathilde d'Est*, hérit. de la Toscane. † 1129.

Henri-le-Superbe, D. de Bavière. † 1139.
E. *Gertrude*, fille de l'emp. Lothaire II, hérit. de la Saxe et de Brunswick.

Henri-le-Lion, D. de Bav. et de Saxe, déposé, 1180. † 1195.

22. OTHON IV, emp. † 1218.

Guillaume de Lunebourg, premier duc de Brunswick. † 1213. Tige de la maison régnante d'Angleterre.

EMPEREURS ET ROIS
DE DIFFÉRENTES MAISONS.

* *

25. GUILLAUME, f. de *Florent IV*, C. de Hollande, élu R. 1247. † 1256.

* *

26. RICHARD, f. de *Jean sans terre*, R. d'Angleterre, élu R. 1257. † 1272.

* *

27. RODOLPHE I DE HABSBOURG (1), élu R. 1273. † 1291.

* *

28. ADOLPHE, f. de *Walram*, C. de Nassau, élu R. 1292. † 1298.

29. ALBERT I D'AUTRICHE, élu R. 1298 ; assassiné 1308.

(1) Il commence la maison de Habsbourg.

EMPEREURS ET ROIS
DE LA MAISON DE LUXEMBOURG.

30. **Henri VII**, f. de *Henri*, C. de Luxembourg, élu R. 1308, cour. R. d'Italie à Milan 1311, Emp. à Rome 1312. † 1313.

* *

31. **Louis IV de Bavière**, élu R. 1314, cour. R. d'Italie à Milan 1327, Emp. à Rome 1328. † 1347.

Jean l'Aveugle, C. de Bohême et C. de Luxembourg, † 1346.

32. **Charles IV (II)**, élu R. 1346, cour. R. d'Italie à Milan et Emp. à Rome 1355. † 1378.

Jean Henri, Marg. de Moravie, † 1375.

* *

34. **Robert**, f. de *Robert II*, El. Palatin, élu R. 1400. † 1410.

33. **Wenceslas**, R. 1378, déposé 1400. † 1419.

36. **Sigismond**, élu R. 1411, cour. R. d'Italie à Milan 1431, Emp. à Rome 1433. † 1437.

35. **Josse ou Jodocus**, élu R. 1410. † 1411.

SUITE DE LA MAISON DE HABSBOURG.

Albert II, D. d'Autriche, petit-fils de l'Emp. *Rodolphe de Habsbourg*, † 1358.

Léopold III, D. d'Autriche, tué à Sempach 1356.

Albert III, D. d'Autriche, † 1395.

Ernest, dit *de Fer*, D. d'Autriche, † 1424.

Albert IV, D. d'Autriche, 1404.

38. Frédéric III, élu R. 1440, cour. R. d'It. et Emp. à Rome 1452. † 1493.

Albert II, élu R. 1438. † 1439.

39. Maximilien I, élu R. des Rom. 1486, succ. à son père 1493, prend le titre d'*Emp. élu* 1508. † 1519.

Philippe d'Autriche, R. de Castille 1505. † 1506.

40. Charles-Quint, (III) R. d'Espagne 1516, élu R. des Rom. 1519, cour. à Bologne R. d'Italie et Emp. 1531, abdique et † 1558.

41. Ferdinand I, R. de Hong. et de Boh. 1527, élu R. des Rom. 1531, *Emp. élu* 1558. † 1564.

42. Maximilien II, élu R. des Romains 1562, *Emp. élu* 1564. † 1576.

Charles, Archid. d'Autriche à Gratz, † 1590.

43. Rodolphe II, élu R. des Romains 1575, *Emp. élu* 1576. † 1612.

44. Matthias, *Emp. élu* 1612. † 1619.

45. Ferdinand II, *Emp. élu* 1619. † 1637.

46. Ferdinand III, élu R. des Romains 1636, *Emp. élu* 1637. † 1657.

47. Ferdinand IV, élu R. des Romains 1653. † 1654.

48. Léopold I, *Emp. élu* 1658. † 1705.

* * *

51. Charles VII, (V) Él. de Bavière, *Emp. élu* 1742. † 1745.

49. Joseph I, élu R. des Romains 1690, *Emp. élu* 1705. †. 1711.

50. Charles VI, (IV) *Emp. élu* 1711. † 1740.

Maximilien-Joseph, Él. de Bavière, † 1777.

Marie-Thérèse, R. de Hongrie et de Bohême 1740, Imp. 1745, † 1780.

E. *François de Lorraine*, Gr. D. de Toscane.

EMPEREURS ET ROIS

DE LA MAISON DE LORRAINE-AUTRICHE.

52. FRANÇOIS I, f. de *Léopold*, D. de Lorraine, devient Gr. D. de Toscane 1737, *Emp. élu* 1745. † 1765. E. *Marie-Thérèse* la Grande, f. de l'Emp. Charles VI, dernier mâle de la maison de Habsbourg-Autriche. † 1780.

53. JOSEPH II, élu R. des Romains 1764, *Emp. élu* 1765. † 1790.	54. LÉOPOLD II, Gr. D. de Toscane 1765. *Emp. élu* 1790. † 1792.	*Ferdinand*, Gouv. de la Lombardie autric. jusqu'en 1796, D. du Brisgau autrich. et de l'Ortenau 1803-1805. E. *Marie-Béatrix*, hérit. de Modène 1771.	*Maximilien*, Él. de Cologne et Év. de Münster 1784. † 1801.

55. FRANÇOIS II, né 1768, *Emp. élu* 1792, *Emp. héréd. d'Autriche* 1804. E. *Marie-Thérèse*, f. de Ferdinand IV, R. des Deux-Siciles 1790.	*Ferdinand*, Gr. D. de Toscane 1791, Él. de Salzbourg 1803, Él. de Würzbourg 1806. E. *Louise*, princesse des Deux-Siciles. † 1802.	*Charles*, Arch. Gr. Maît. de l'ord. Teut. 1801, résigne 1804.	*Joseph*, palatin de Hongrie. 1796.	*Antoine*, Gr. Maît. de l'ord. Teut. 1804.	*Jean.* *René.* *Louis.* *Rodolphe.*

Ferdinand, né 1793, Pr. royal héréd. *Joseph*, né 1799. *François*, né 1802. *Jean*, né 1805.	*Léopold*, Pr. électoral.

toire naturelle publia, en 1789, *Antoine-Laurent de Jussieu*? Après d'immenses travaux et de profondes études, il publia son *Genera plantarum* (Familles des plantes). Dans cet ouvrage, l'auteur a assis sur des bases certaines, la science si intéressante de la botanique dans laquelle Tournefort avait le premier porté de l'ordre et de la précision, et que Linnée avait traitée sur un autre plan. Les caractères distinctifs de la *Méthode de Jussieu*, consistent dans les rapports que la nature a établis entre les végétaux, c'est pour cela qu'on l'appelle encore *Méthode naturelle*. Elle est fondée sur trois considérations principales, savoir: le nombre des cotylédons, des pétales, et le mode d'insertion des étamines: cette méthode distribue tout le règne végétal en familles ordres, genres, espèces et individus. C'est d'après ce système que sont classés les végétaux au Jardin-des-Plantes et à Trianon.

TABLE GÉNÉRALE

ALPHABÉTIQUE.

FIN DE LA TABLE.

www.ingramcontent.com/pod-product-compliance
Ingram Content Group UK Ltd.
Pitfield, Milton Keynes, MK11 3LW, UK
UKHW020327230726
13925UKWH00002B/666